Bürgerliches Recht in Frage und Antwort von Prof. Dr. Dieter Klett

Bibliographische Information der Deutschen Nationalbibliothek: Die Deutsche Nationalbibliothek verzeichnet diese Publikation in der Deutschen Nationalbibliographie; detaillierte Daten sind im Internet über "http:// dnb.dnb.de" abrufbar.

ISBN - 10: 148 2630559
ISBN – 13: 978-1482630558

Impressum
© *Copyright* **2013** Prof. Dr. Dieter Klett; Deutschland Bergisch Gladbach,
Hebborner Str.174
Prof. Dr. Volker Mayer, Deutschland, Stadtwaldgürtel, Köln
Verlag: Createspace Independent Publishing Platform,
4900 LaCross Road, North Charleston, SC 29406, USA
Exklusivvertrieb: Amazon S.A.R.L Luxemburg
Druck: Amazon Distribution GmbH, Deutschland Leipzig

Internationales UN-Kaufrecht CISG

- Frage und Antwort-

Prof. Dr. Dieter Klett

2. Ausgabe

Hrsg. Klett 2013

IV

Vorwort

Der Fragenkatalog wendet sich an alle Studierenden für die ersten Schritte im UN-Kaufrecht (CISG).
Die Auswahl der Fragen beruht auf einer jahrzehntelangen bewährten Praxis in der Lehre und war für Generationen von Studierenden hilfreich.

Der Aufbau des Fragenkatalogs hält sich strikt an den Aufbau des CISG. So behalten die Studierenden leicht den Überblick. Auf den Abdruck der gesetzlichen Bestimmungen des CISG wird verzichtet, da diese Bestimmungen im Internet an mehreren Stellen kostenlos zur Verfügung stehen.
Das vollständige Fragenspektrum der überwiegend leichten Fragen setzt keine juristischen Kenntnisse im UN-Kaufrecht voraus und kann mit Hilfe des Gesetzestextes als Einführung in das Rechtsgebiet gelesen werden oder aber auch desgleichen als eine umfassende Vorbereitung für mündliche oder schriftliche Prüfungen dienen.
Die Einhaltung einer bestimmten Reihenfolge der Bearbeitung der Fragen zur Einführung, Wiederholung oder Vertiefung ist nicht erforderlich. Die gesicherten Antworten bewähren sich zudem bei gegenseitigen Abfragen in Arbeitsgemeinschaften.

Es ist das besondere pädagogische Anliegen dieser Reihe "leicht lernen", das Lernen zu erleichtern und unter Verwendung moderner exklusiver Kommunikations- und Vertriebswege das auf jahrzehntelanger Erfahrung beruhendes Lehrmaterial besonders preisgünstig als **e-book** oder als **print-Ausgabe** anzubieten.

Für das e-book bietet amazon derzeit unter *www.amazon.de/gp/kindle/kep* kostenlose Software als Lese-App zum downloaden an. Mit dieser Software kann das e-book nicht nur auf dem Kindle sondern jederzeit und überall, zu Hause oder unterwegs auf dem PC, auf dem Kindle oder einem anderen Tablet-Computer, auf einem i-phone oder Android-smartphone gelesen werden. Das Kindle Lese-App ist für alle führenden Computer, Tablets und smartphones erhältlich, unabhängig von Windows, mac oder linux: Der Zeitaufwand für den Besuch von Bibliotheken ist reduziert. Amazon sagt dazu: einmal kaufen, überall lesen. Und da Amazon dem Käufer von e-books kostenlos sämtliche folgenden Ausgaben dieses Buchs anbietet, kann man hinzufügen: einmal kaufen und sämtliche weitere Ausgaben kostenlos beziehen. So ist der Leser immer auf dem neuesten Stand.

Bergisch Gladbach den 1.3.2013   Dieter Klett

1

Inhaltsverzeichnis

Teil I Anwendungsbereich und Allgemeine Bestimmungen
Art.1- 13 CISG   Fragen **1-93**

Kapitel I.   Anwendungsbereich Art.1-6 CISG   Fragen **1-60**

Kapitel II. Allgemeine Bestimmungen Art.7-13 CISG   Fragen **61-93**

Teil II Abschluss des Vertrages Art.14-24 CISG   Fragen **94-137**

Teil III Warenkauf Art.25-88 CISG   Fragen **138-455**

Kapitel I.   Allgemeine Bestimmungen Art.25-29 CISG   Fragen **138-161**

Kapitel II. Pflichten des Verkäufers Art.30-52 CISG   Fragen **162-259**

  Abschnitt I.   Lieferung der Ware und Übergabe der Dokumente Art.31-34 CISG
                                                   Fragen **162-183**
  Abschnitt II. Vertragsmäßigkeit der Ware sowie Rechte oder Ansprüche
       Dritter Art.35-44 CISG   Fragen **184-219**
  Abschnitt III. Rechtsbehelfe des Käufers wegen Vertragsverletzung
       durch den Verkäufer Art.44-52 CISG   Fragen **220-259**

Kapitel III. Pflichten des Käufers Art.53-65 CISG   Fragen **260-311**

  Abschnitt I.   Zahlung des Kaufpreises Art.54-59 CISG   Fragen **260-286**
  Abschnitt II.   Abnahme Art.60 CISG   Fragen **287-292**
  Abschnitt III. Rechtsbehelfe des Verkäufers wegen Vertragsverletzung
       durch den Käufer Art.61-65 CISG   Fragen **293-311**

Kapitel IV. Übergang der Gefahr Art.66-70 CISG   Fragen **312-334**
**Kapitel V.   Gemeinsame Bestimmungen über die Pflichten des
       Verkäufers und des Käufers** Art.71-88 CISG   Fragen **335-455**

  Abschnitt I.   Vorweggenommene Vertragsverletzung und Verträge über
       aufeinander folgende Lieferungen Art.71-73 CISG   Fragen **337-355**
  Abschnitt II.   Schadenersatz Art.74-77 CISG   Fragen **356-385**
  Abschnitt III. Zinsen Art.78 CISG   Fragen **386-393**
  Abschnitt IV. Befreiungen Art.79-80 CISG   Fragen **394-418**
  Abschnitt V.   Wirkungen der Aufhebung Art.81-84 CISG   Fragen **419-435**
  Abschnitt VI. Erhaltung der Ware Art.85-88 CISG   Fragen **436-455**

Teil IV. Schlussbestimmungen Art. 89 - 101   Fragen **456-458**

Teil I Anwendungsbereich und Allgemeine Bestimmungen
Art. 1 – 13 CISG

Allgemeine Fragen

1. *Welche Fragestellungen hat das UN-Kaufrecht zum Gegenstand ?*

Das UN-Kaufrecht regelt grenzüberschreitende (internationale) Kaufverträge über bewegliche Sachen.

2. *Unter welchen Bezeichnungen ist das UN-Kaufrecht bekannt ?*

Das UN-Kaufrecht unter "Wiener Kaufrecht"- "Internationales Kaufrecht"- "Internationales UN-Kaufrecht" - "CISG (United Nations Convention Contracts for International Sale of Goods) bekannt.

3. *Wie kommt es zu dem Namen "UN-Kaufrecht" ?*

Weil das Übereinkommen der Vereinten Nationen über Verträge über den internationalen Warenkauf aufgrund eines Beschlusses der UN-Generalversamm- lung vom 16.12.1978 auf einer diplomatischen Konferenz erarbeitet worden ist.

4. *Was bedeutet UNCITRAL ?*

Das UNCITRAL ist eine von den Vereinten Nationen eingesetzte Kommission, die das CISG auf der Basis der Haager Kaufgesetze erarbeitet hat.

5. *Wie kommt es zu dem Namen "Wiener Kaufrecht" ?*

Auf der **Wiener UN-Konferenz** vom 10.3.1980 bis 5. 4. 1980 haben sich anschlie- ßend 42 Staaten am 11.4.1980 für das erarbeitete Übereinkommen ausgesprochen.

6. *Ist das UN-Kaufrecht nationales Recht oder ein außerhalb der staatli- chen Rechtsordnungen stehendes Rechtsgebiet ?*

Das UN-Kaufrecht ist ein nationales Recht, das in Deutschland durch ein Gesetz er- lassen worden ist. Entsprechend ist es in zahlreichen anderen Ländern in die natio- nalen Rechtssysteme eingefügt worden

7. *Was ist der Gegenstand des UN-Kaufrechts ?*

Das UN-Kaufrecht ist eine Rechtsmaterie für grenzüberschreitende Kaufverträge, die von der UN entwickelt wurde und in zahlreichen Ländern , so auch in Deutschland, als ein Gesetz erlassen worden ist

8. *Kennen Sie die Geschichte der Entwicklung des UN-Kaufrechts ?*

Der deutsche Jurist *Ernst Rabel* hat im Jahre 1928 eine Vereinheitlichung des
Rechts für grenzüberschreitende internationale Warenkäufe vorgeschlagen. Er wird
weltweit als "mastermind behind the draft Uniform International Sales Law" angesehen.
Im Jahre 1964 wurden die sog. Haager Kaufgesetze beschlossen. Diese waren Vor-
läufer des Wiener Abkommens für das CISG.

9. *Wie ist das UN-KaufG aufgebaut ?*

Das UN-KaufG ist in **vier** Teile gegliedert.
Teil I   regelt den Anwendungsbereich und die Voraussetzungen des UN-
        KaufG.
Teil II   regelt den Abschluss der Kaufverträge.
Teil III regelt die Rechten und Pflichten der Kaufvertragspartner.
Teil IV betrifft die völkerrechtlichen Schlussklauseln.

Kapitel I. Anwendungsbereich Art.1–6 CISG

Art. 1 Anwendungsbereich

10. *In welchen Fällen findet das UN-Kaufrecht Anwendung ?*

Das UN-Kaufrecht findet Anwendung
entweder
- auf Kaufverträge über Waren zwischen Parteien Anwendung, die ihre Niederlassung zwischen verschiedenen Staaten haben (Art.1 Abs.1 a CISG)
  und die sich dessen zum Zeitpunkt des Vertragsschlusses bewusst waren
  (Art. 1 Abs.2 CISG)
  oder
- wenn die Regeln des internationalen Privatrechts zur Anwendung des Rechts
  eines Vertragsstaats führen (Art. 1 Abs.1 b CISG).

11. *Welches ist der sachliche Anwendungsbereich des UN-Kaufrechts ?*

In sachlicher Hinsicht regelt das UN-Kaufrecht grenzüberschreitende Kaufverträge.
Das sind Austauschverträge: Waren gegen Geld. (Art. 1 Abs.1 CISG).
Keine Kaufverträge sind Tauschverträge im Rahmen von Kompensationsgeschäften.

12. *Welches sind die weiteren Voraussetzungen für die Anwendbarkeit des CISG auf Kaufverträge ?*

Die weitere Voraussetzung für die Anwendbarkeit des UN-Kaufrechts auf Kaufverträge ist, dass die Vertragsparteien ihre Niederlassungen in verschiedenen Vertragsstaaten des CISG haben (Art.1 Abs.1 a CISG).

13. *Wie kann man herausfinden, ob ein Staat Vertragsstaat ist ?*

Den Beitrittsstand kann man z.B. auf der Web-Seite von UNCITRAL entnehmen : ***www.uncitral.org*** *("International Sale of Goods" und dort :" Status").*

14. *Ist die Bundesrepublik Deutschland ein Vertragsstaat ?*

Ja. Deutschland ist dem Abkommen mit Wirkung zum 1.1.1991 beigetreten.

15. *Ist die praktische Bedeutung des UN-Kaufrechts im internationalen Ge schäftsverkehr groß ?*

Ja. Die Zahl der Vertragsstaaten ist stetig gewachsen und erfasst inzwischen praktisch den wesentlichen Welthandel. Fast alle wichtigen Handelsnationen sind Vertragsstaaten: USA, China, Russland, Indien, Japan und fast alle EU-Staaten. Nicht-Mitgliedstaaten sind Großbritannien und Portugal.

16. *Welche Rolle spielt der Ort der Niederlassung der Vertragspartner eines Kaufvertrages für die Anwendbarkeit des UN-Kaufrechts ?*

Die Niederlassungen der Vertragspartner eines Kaufvertrages müssen in verschiedenen Vertragsstaaten liegen, damit das UN-Kaufrecht ohne eine ausdrückliche Vertragswahl durch die Parteien Anwendung finden kann. Erfasst werden nur grenzüberschreitende Kaufverträge (Art. 1 Abs.1 CISG).

17. *Ist die Tatsache der Niederlassung in verschiedenen Vertragsstaaten schon alleine stets ausreichend ?*

Nein. Nach Art.1 Abs.2 CISG wird die Tatsache nicht berücksichtigt, dass die Vertragsparteien ihre Niederlassungen in verschiedenen Staaten haben, wenn sie sich nicht aus dem Vertrag, aus früheren Geschäftsbeziehungen oder aus Verhandlungen oder Auskünften ergibt, die vor oder bei Vertragsabschluss zwischen den Parteien geführt oder von ihnen erteilt worden sind.

18. *Wie wirkt sich die Anwendbarkeit des UN-Kaufrechts aus, wenn eine Vertragspartei mehr als eine Niederlassung hat ?*

Bei mehr als einer Niederlassung wird auf diejenige Niederlassung abgestellt, die bei oder vor Vertragsabschluss die engste Verbindung zu dem Vertrag und seiner Erfüllung hat (Art. 10 a CISG).

19. *Ist das UN-Kaufrecht nicht anwendbar, wenn eine Vertragspartei keine Niederlassung hat – wie etwa natürliche Personen?*

Doch. Das UN-Kaufrecht kann auch Fälle erfassen, bei denen eine oder beide Vertragsparteien keine Niederlassung haben. In diesen Fällen wird auf den gewöhnlichen Aufenthalt dieser Personen abgestellt (Art. 10 b CISG).

20. *Welche Rolle spielen die Staatsangehörigkeit oder die Kaufmannseigenschaft der Vertragspartner für die Anwendbarkeit des UN-Kaufrechts?*

Nein. Diese Aspekte spielen keine Rolle (Art.1 Abs.3 CISG).

21. *Ist das UN-Kaufrecht darüber hinaus aufgrund einer sog. "kollisionsrechtlichen" Verweisung auch "mittelbar" anwendbar?*

Ja. Das UN-Kaufrecht kann auf einen Kaufvertrag "kollisionsrechtlich" ("mittelbar") anwendbar sein, wenn die Regeln eines anwendbaren internationalen Privatrechts (Kollisionsrecht) zur Anwendung des Rechts eines Vertragsstaates führen (Art.1 Abs.1 b CISG).
Dann führt das internationale Privatrecht beispielsweise gleichwohl zur Anwendung des UN-Kaufrechts eines Kaufvertrages, obgleich die Vertragsparteien ihre Niederlassungen zwar in verschiedenen Staaten haben, einer der Staaten jedoch kein Vertragsstaat ist.

22. *Gilt die kollisionsrechtliche Anwendbarkeit des UN-Kaufrechts in allen Vertragsstaaten des CISG?*

Nein, das ist nicht der Fall. Einige wichtige Vertragsstaaten, wie die USA und China haben den Vorbehalt erklärt, dass Art.1 Abs.1 b CISG für sie nicht gilt. Dieser Vorbehalt ist nach Art. 95 CISG zulässig.

23. *Können Sie diese kollisionsrechtliche Anwendbarkeit an einem Beispiel eines Kaufvertrages zwischen Partnern in Portugal und Deutschland erläutern?*

Ein grenzüberschreitender Kaufvertrag zwischen Vertragsparteien mit Niederlassungen in Portugal und Deutschland unterliegt nicht der unmittelbaren Anwendbarkeit des UN-Kaufrechts, da Portugal kein Vertragsstaat ist.
Verweist jedoch das internationale Privatrecht (Kollisionsrecht) von Portugal auf die Anwendbarkeit des deutschen Rechts – etwa weil der Verkäufer als Erbrin-

ger der charakteristischen Leistung seinen Sitz in Deutschland hat und das nach dem internationalen Privatrecht von Portugal für das anwendbare Rechts maßgeblich ist – wird damit automatisch auch auf das "deutsche" CISG verwiesen, das als deutsches Gesetz erlassen worden ist.

24. *Kann die Anwendbarkeit des UN-Kaufrechts auch im Wege der Parteiautonomie von Vertragspartnern aus Nicht-Mitgliedstaaten des CISG vereinbart werden.*

Eine derartige Rechtswahl ist möglich.
Es handelt sich um das sog. **"Opting in"**.
Die Zulässigkeit einer derartigen Vereinbarung ergibt sich jedoch nicht aus dem UN-Kaufrecht, sondern aus der jeweiligen für den Kaufvertrag zuständigen Rechtsordnung.

25. *Führt die ausdrückliche Wahl einer bestimmten Rechtsordnung eines Vertragsstaates automatisch auch zur Wahl des dort geltenden CISG, selbst wenn das CISG nicht ausdrücklich benannt wurde ?*

Ja, das ist der Fall. Bei einer Wahl des Rechts eines Vertragsstaates findet das UN-Kaufrecht auf den Kaufvertrag Anwendung, denn das UN-Kaufrecht gehört zum dem gewählten innerstaatlichen Recht eines Vertragsstaates (BGH NJW 1999, 1259 f.).

26. *Kann die Geltung des CISG ausgeschlossen werden ?*

Ja, das ist möglich. Die Geltung des UN-Kaufrechts kann vertraglich ausgeschlossen werden. Das kann ausdrücklich oder durch die Wahl einer anderen Rechtsordnung geschehen.

27. *Kann die Geltung des CISG auch teilweise ausgeschlossen werden ?*

Ja, das ist selbstverständlich als Ausfluss der Vertragsfreiheit möglich.
In der Vertragspraxis geschieht dies häufig durch die Vereinbarung der INCOTERMS.

28. *Welche weiteren Bestimmungen ergänzen die Regelungen in Art.1 Abs.1 CISG ?*

Die Regelungen in Art. 1 Abs.1 CISG werden ergänzt durch die Vorschriften in den Art. 91, 92, 94, 95, 99 und 100 CISG.
Außerdem muss Art. 1 UN-KaufG in Beziehung zu den Art. 2 bis 5 UN-KaufG interpretiert werden.

29. *Was ist unter dem Begriff "unmittelbare" oder "autonome" Anwendbarkeit des UN-Kaufrechts zu verstehen ?*

Das UN-Kaufrecht ist auf einen Kaufrecht "unmittelbar" oder "autonom" auf einen Kaufvertrag anwendbar, wenn die Voraussetzungen dafür nach Art. 1 CISG vorliegen, ohne dass es eines weiteren Verweises etwa durch das Internationale Privatrecht bedarf.

Art. 2 Anwendungsausschlüsse

30. *Gilt das UN-Kaufrecht auch für Waren zum persönlichen Gebrauch ?*

Nein. Die Anwendbarkeit des UN-Kaufrechts ist für Kaufverträge über Waren zum persönlichen Gebrauch ausgeschlossen (Art.2 a CISG).
Allerdings kann ein Kaufvertrag, der Waren zum persönlichen Gebrauch zum Gegenstand hat, dennoch dem UN-Kaufvertrag unterliegen, wenn der Verkäufer vor oder bei dem Vertragsabschluss weder wusste noch wissen musste, dass die Ware für einen solchen Gebrauch gekauft wurde (Art. 2 a am Ende CISG).

31. *Warum sind Kaufverträge für Waren des eigenen persönlichen Gebrauchs oder den Gebrauch in der Familie oder im Haushalt ausgeschlossen, obgleich das CISG nicht auf Handelskäufe beschränkt ist (Art. 1 Abs.3 CISG) ?*

Die Herausnahme dieser Kaufverträge soll Überschneidungen und Abgrenzungsprobleme zu den jeweiligen heimischen Verbraucherschutzregelungen vermeiden.

32. *Welche weiteren Kaufverträge neben den Privatverkäufen werden von der Anwendbarkeit des UN-Kaufrechts ausgenommen ?*

Das UN-Kaufrecht ist nach Art. 2 CISG nicht anwendbar
- bei Versteigerungen,
- aufgrund von Zwangsvollstreckungsmaßnahmen,
- bei Kaufverträgen von Wertpapieren oder Zahlungsmitteln,
- bei Kaufverträgen von Schiffen oder Luftfahrzeugen,
- von elektrischer Energie.

33. *Warum sind Kaufverträge über Schiffe und Flugzeuge aus der Anwendbarkeit des UN-Kaufrechts herausgenommen ?*

Schiffe und Luftfahrzeuge werden von den heimischen Rechtsordnungen vielfach in Registern festgehalten und werden wie unbewegliche Sachen behandelt.

34. *Demgegenüber werden deren Teile, wie Motoren, Möbel etc.) nach UN-Kaufrecht behandelt. Aus welchem Grund ?*

Diese Teile der Schiffe und Flugzeuge sind unabhängige Waren und werden als bewegliche Sachen behandelt, solange sie nicht eingebaut worden sind.

35.

Art. 3 Verträge über herzustellende Waren oder Dienstleistungen

36. *Sind Lieferverträge, die die Lieferung herzustellender oder zu erzeugender beweglicher Sachen zum Gegenstand haben, dem UN-Kaufrecht unterstellt ?*
Das BGB unterstellt diese Lieferverträge in § 651 BGB weitgehend dem Kaufrecht der §§ 433 ff. BGB.

Bei dieser Fragestellung ist für das UN-Kaufrecht zu unterscheiden.
Grundsätzlich stellt auch das UN-Kaufrecht Verträge über die Lieferung herzustellender oder zu erzeugender Ware den Kaufverträgen gleich.
Nicht anwendbar ist das UN-Kaufrecht auf solche Fälle, in denen der Besteller einen wesentlichen Teil der für die Herstellung oder Erzeugung notwendigen Stoffe selbst zur Verfügung zu stellen hat (Art.3 Abs.1 CISG).

37. *Welche Rechtslage besteht, wenn der überwiegende Teil der Pflichten der Partei, die die Waren liefert, in der Ausführung von Arbeiten oder anderen Dienstleistungen besteht ?*

Das UN-Kaufrecht ist nicht anwendbar, wenn der überwiegende Teil der Pflichten der Partei, die die Ware liefert, in der Ausführung von Arbeiten
oder anderen Dienstleistungen besteht (Art. 3 Abs.2 CISG).

38. *Warum ist die Frage bei der Veräußerung von Software, ob es sich um Standardsoftware oder um speziell für den Kunden hergestellte Software handelt, für die Fragestellung irrelevant, ob das UN-Kaufrecht anwendbar ist ?*   (So die etwas "hinterhältige" Fangfrage eines Prüfers.)

Die Beantwortung der Frage, ob bei dem Verkauf von Software überhaupt Kaufrecht anwendbar ist, ist umstritten.
Nach wohl herrschender Ansicht ist der Verkauf von Computerprogrammen grundsätzlich als Kaufgegenstand nach dem CISG anzuerkennen. Nach dieser Ansicht sollte der Verkauf von Software im Prinzip wie jeder andere Verkauf angesehen werden, der geistiges Eigentum beinhaltet. Danach spielt es keine Rolle, ob die Software Standardsoftware ist oder ob sie speziell für den Kunden hergestellt wurde.

Und aus diesem Grunde ist die Regelung in Art. 3 Abs.2 CISG hinsichtlich der Frage des "überwiegenden Teils" der Ausführung von Arbeiten oder Dienstleistungen für die Lieferung von **Software** unerheblich.

39. *Können die Vertragsparteien die Anwendbarkeit des UN-Kaufrechts vereinbaren, wenn und obgleich die Anwendbarkeit eigentlich durch Art. 3 CISG ausgeschlossen ist ?*

Grundsätzlich können die Vertragsparteien eine derartige Vereinbarung treffen. Ob diese Vereinbarung jedoch nach dem jeweiligen zuständigen Recht wirksam ist, richtet sich nach dessen internationalem Privatrecht.

40. *Welche Faktoren müssen in Rechnung gestellt werden, wenn es um den "wesentlichen Teil" der Pflichten geht ?*

Hauptberechnungsfaktor ist der wirtschaftliche Wert der verschiedenen Pflichten. Nachrangig ist ein besonderes Interesse des Käufers an der Verpflichtung.

Art. 4 Sachlicher Geltungsbereich

41. *Welche Regelungsmaterie spricht sich das UN-Kaufrecht selbst zu ?*

Das Abkommen regelt ausschließlich den Abschluss des Kaufvertrages und die aus ihm erwachsenden Rechte und Pflichten des Verkäufers und des Käufers (Art. 4 Satz 1 CISG).

42. *Ist diese Regelung abschließend ?*

Nein, das ist nicht der Fall. Es können sog. "interne Lücken" im CISG auftreten, weil sich die beteiligten Vertragsstaaten bei der Abfassung des Abkommens in einigen Punkten nicht einigen konnten oder weil einige Fragestellungen einfach übersehen wurden.

43. *Welches Recht ist anwendbar auf Rechtsfragen, die in den unmittelbaren Zusammenhang des UN-Kaufrechts gehören, wie beispielsweise Fragen des Abschlusses des Kaufvertrages oder Fragen der Rechte und Pflichten der Vertragsparteien, die jedoch als "interne Lücke" nicht geregelt worden sind ?*

Interne Lücken sollen nach der Vorgabe des CISG durch die im UN-Kaufrecht selbst niedergelegten allgemeinen Grundsätze gefüllt werden (Art. 7 Abs.2 CISG). Soweit dies nicht möglich ist, soll auf die jeweiligen nationalen Regelungen zurückgegriffen werden, die über die Anwendung des internationalen Privatrechts der lex fori festgelegt werden.

44. *Welche Regelungsmaterie spricht sich das UN-Kaufrecht selbst aus-drücklich ab ?*

Das UN-Kaufrecht gilt ausdrücklich nicht für :
1. die Gültigkeit des Vertrages oder einzelner Vertragsbestimmungen oder
2. die Gültigkeit von Gebräuchen (Art. 4 Satz 2 a CISG).
3. Das UN-Kaufrecht gilt nicht für Wirkungen, die der Vertrag auf das Eigentum an der verkauften Ware haben kann (Art. 4 Satz 2 a CISG).
4. Das UN-Kaufrecht findet keine Anwendung auf die Haftung des Verkäufers für den durch die Ware verursachten Tod oder die Körperverletzung einer Person (Art. 5 CISG).

45. *Welche rechtlichen Aspekte eine Kaufvertrages sind gemeint, wenn das CISG ausdrücklich "Gültigkeitsfragen" nicht regelt ?*

Mit den Gültigkeitsfragen sind beispielsweise erfasst: Rechts- und Geschäftsfähigkeit, Willensmängel, Nichtigkeit wegen Dissens, sitten- oder Gesetzeswidrigkeit.

46. *Aus welchem Grunde regelt das CISG die Übereignungsfragen bei einem Kaufvertrag ausdrücklich nicht ?*

Über die Übereignungsfragen konnte keine Einigung erzielt werden, da die zahlreichen nationalen Rechtsvorstellungen zu weit auseinander lagen.
Nach französischem und italienischem Recht geht das Eigentum mit dem Abschluss des Kaufvertrages über.
Nach schweizerischem, österreichischem und spanischem Recht bedarf es eines besonderen Übergabeaktes.
Nach deutschem Recht bedarf es eines besonderen Rechtsgeschäfts, eingeschlossen einer Übergabe oder eines Übergabesurrogates.
Aus diesen Gründen wurden die Eigentumsfragen im UN-Kaufrecht ausgeklammert.

47. *Welches Recht ist anwendbar auf Fragen, die das CISG ausdrücklich nicht erfasst, also die sog. "externen Lücken" ?*

Auf die sog. "externen Lücken" finden die jeweiligen nationalen Rechtsnormen Anwendung, die über das Internationale Privatrecht zu finden und anzuwenden ist.
Für die Übereignungsfragen ist dies nach dem weltweit verbreiteten Prinzip der lex rei sitae regelmäßig das Recht des Staates, in dem die Sache belegen ist (für das deutsche Recht Art. 43 Abs.1 EGBGB).

Art. 5 Ausschluss der Haftung für Tod oder Körperverletzung

48. *Haftet ein Verkäufer auch für Körperverletzungen oder gar den Tod, die durch mangelhafte Ware herbeigeführt wurden ?*

Die Haftung eines Verkäufers für den durch die Ware verursachten Tod oder die Körperverletzung einer Person ist von der Anwendung der Regelungen des CISG ausdrücklich ausgeschlossen (Art.5 CISG).
Die typischerweise der Produkthaftung zuzuordnenden Rechtsfragen für Personenschäden sollten den nationalen Rechtsordnungen belassen bleiben.

49. *Wie ist die Regelung, wenn der Personenschaden nicht "durch die Ware" sondern durch eine schuldhafte Verletzung der Pflichten, etwa bei der Anlieferung der Ware durch einen LKW, herbeigeführt wurde ?*

Wenn der Schaden nicht "durch die Ware" sondern durch eine sonstige Pflichtverletzung herbeigeführt wurde, unterliegt eine derartige Verletzung der Sorgfaltspflicht nicht der Ausnahmeregelung, sondern unterliegt dem CISG.
Auch das CISG kennt Schutz- und Sorgfaltspflichten der Vertragspartner untereinander.

50. *Welches ist die rechtliche Folge der Ausnahmeregelung ?*

Die rechtliche Folge der Ausnahmeregelung ist, dass insoweit nationales Recht anzuwenden ist. Das zuständige nationale Recht wird durch das internationale Privatrecht des Gerichtsstaates bestimmt.

Art. 6 Ausschluss, Abweichung oder Änderung durch Parteiabrede

51. *Gilt im UN-Kaufrecht der Grundsatz der Parteiautonomie ?*

Ja, im Bereich des UN-Kaufrechts gilt der Grundsatz der Parteiautonomie (Art.6 CISG).

52. *Welche Optionen stehen den Vertragsparteien nach Art. 6 CISG zur Verfügung ?*

Die Vertragsparteien können das anwendbare Recht für ihren Vertrag frei wählen.
Die Parteiautonomie wird auch im Internationalen Privatrecht von den meisten Rechtsordnungen anerkannt.
Die einzige Ausnahme gilt nach Art. 12 CISG.

53. *Können Vertragspartner, ohne in Mitgliedsstaaten ansässig zu sein, das UN-Kaufrecht frei wählen ?*

Eine **"opting in"** Vereinbarung ist möglich, wenn das jeweils anwendbare internationale Privatrecht die **Privatautonomie** anerkennt.

54. *Können Vertragsparteien, die ihre Niederlassungen in Vertragsstaaten haben, das UN-Kaufrecht durch Parteivereinbarung ausschließen ?*

Ja, das ist möglich. Es handelt sich um das sog. **"opting out"**.
Der Grundsatz der Parteiautonomie in Art. 6 CISG gestattet die vollständige oder teilweise Abbedingung der Regelungen des UN-Kaufrechts.
Die einzige Ausnahme findet sich in Art. 12 CISG.

55. *Auf welche Art kann die Geltung des UN-Kaufrechts ausgeschlossen werden ?*

Die Abwahl des UN-Kaufrechts geschieht durch Vertrag. Das UN-Kaufrecht kann ausdrücklich ausgeschlossen werden oder die Abwahl kann auch durch die Wahl einer anderen Rechtsordnung herbeigeführt werden.

56. *Welche Rechtsordnung gilt, wenn die Vorschriften des UN-KaufG vertraglich ausgeschlossen werden, ohne dass die Vertragspartner eine spezielle Rechtsordnung gewählt haben ?*

Bei einem Ausschluss der Regelungen des UN-Kaufrechts gelten die gesetzlichen Regelungen, die von den jeweiligen kollisionsrechtlichen Vorschriften des internationalen Privatrechts des forum bestimmt werden.
Im deutschen Recht finden sich die gültigen Vorschriften des internationalen Privatrechts im EGBGB. Art. 27 EGBGB stellt auf die "engste Verbindung" ab.

57. *Welche Rechtsordnung gilt, wenn die Parteien die Vorschriften des UN-KaufG vertraglich ausgeschlossen, jedoch eine besondere Rechtsordnung gewählt haben ?*

Maßgeblich ist das internationale Privatrecht (Kollisionsrecht) des forum. Die Rechtswahl muss mit den formellen und substantiellen Anforderungen des anwendbaren internationalen Privatrechts übereinstimmen.

58. *Welches Recht ist für die Frage maßgeblich, ob die Vertragsparteien einvernehmlich die Abänderung einer Bestimmung des CISG vereinbart haben ?*

Diese Frage richtet sich nach den Vorschriften des UN-Kaufrechts und dessen Artikeln 29 und 14 oder Art. 11 CISG.

59. *Wird bei der ausdrücklichen Wahl der Rechtsordnung eines Vertrags-*
staates auch das UN-Kaufrecht dieses Vertragsstaates ausgeschlossen ?

Die Mehrheit der Gerichte wendet bei einer Rechtswahl durch die Parteien auch die
"Mit" wahl des jeweiligen nationalen UN-Kaufrechts an.
Nach dieser Rechtsprechung wird bei der Wahl der Rechtsordnung eines Vertragsstaates automatisch auch das jeweilige UN-Kaufrecht dieses Vertragsstaates mit
gewählt, denn das UN-Kaufrecht gehört zu dem gewählten Recht des Vertragsstaates und ist ein Teil dessen innerstaatlicher Rechtsordnung.

Im deutschen Recht gehen Regelungen in völkerrechtlichen Vereinbarungen, soweit
sie unmittelbar anwendbares innerstaatliches Recht geworden sind, den Vorschriften
"dieses Gesetzes" vor (Art. 3 Abs.2 Satz 1 EGBGB).
Eine wirksam vorgenommene vorbehaltlose Wahl deutschen Rechts ist - wenn also
eine ausdrückliche Verweisung auf das unvereinheitlichte deutsche Recht fehlt -
grundsätzlich dahin zu verstehen, dass das nach dem Recht dieses Staates für grenzüberschreitende Warenkäufe anwendbare Kaufvertragsrecht und damit das Recht
des insoweit nach Art. 1 Abs. 1 Buchst. b CISG vorrangig anwendbaren Überein-
kommens gewählt ist. Bei einer vorbehaltlosen Rechtswahl bedarf es zusätzlicher,
über den bloßen Text der Rechtswahlklausel hinausgehender Anhaltspunkte, um auf
einen Willen der Parteien zu schließen, nicht nur deutsches Recht allgemein, sondern darüber hinaus dessen unvereinheitlichtes Kaufrecht zu wählen (ständige
Rechtsprechung BGH v. 11.5.2010 – VIII ZR 212/07) .

60. *Ist es nicht widersprüchlich, das UN-Kaufrecht einerseits durch die*
Wahl einer anderen Rechtsordnung abzuwählen und gleichzeitig mit der
Wahl dieser neuen Rechtsordnung das UN-Kaufrecht eines Vertrags-
staates über dessen internes Recht wieder einzuführen ?

Die Rechtswahl ist nicht vollkommen überflüssig, da Bereiche, die vom UN-
Kaufrecht nicht geregelten Lücken (wie beispielsweise die Verjährung oder die Ab-
tretung) durch das gewählte nicht vereinheitliche Recht geschlossen werden können
und die Anwendung international privatrechtlicher Vorschriften überflüssig machen.

Kapitel II. Allgemeine Bestimmungen Art. 7 – 13 CISG

Art. 7 Auslegung und Lückenfüllung

61. *Nach welchen Gesichtspunkten werden die Vorschriften des CISG*
ausgelegt ?

Bei der Auslegung der CISG-Vorschriften gilt der Grundsatz der sog. autonomen
Auslegung.

62. *Was verstehen Sie unter einer "autonomen Auslegung"?*

Der Grundsatz der autonomen Auslegung bedeutet, dass die Begriffe im CISG im Zusammenhang mit den anderen Begriffen unabhängig von jeweiligen nationalen Regelungen ausgelegt und interpretiert werden müssen. So darf beispielsweise der Begriff des Kaufvertrages nicht mit dem deutschen Verständnis der §§ 433 ff. BGB interpretiert werden.
Wichtig ist in diesem Zusammenhang, auch nochmals darauf hinzuweisen, dass der übersetzte deutsche Text des CISG kein amtlicher Gesetzestext ist (und die auch hier in der vorliegenden Fragensammlung genannten Überschriften ohnehin nicht).

63. *Welche Auslegungsgrundsätze haben die Gerichte zu beachten?*

Das UN-Kaufrecht soll nach Möglichkeit international einheitlich ausgelegt werden. Dabei sind Rechtsprechung und Wissenschaft anderer Mitgliedstaaten zu beachten (Art.7 CISG).

64. *Ergeben sich für die Gerichte Schwierigkeiten bei der Beachtung dieser Grundsätze?*

Selbstverständlich ergeben sich zahlreiche Schwierigkeiten. Im Hinblick auf Urteile in fremden Sprachen bestehen schon Sprachprobleme. Fremde Urteile mögen auch gar nicht veröffentlicht worden sein oder auch in ihrer juristischen Qualität sehr unterschiedlich sein.

65. *Welche Regeln sind in Art. 7 Abs.2 CISG niedergelegt?*

Art. 7 Abs.2 CISG behandelt die Frage der Lückenfüllung.
Rechtsmaterie, die zum Gegenstand des CISG gehört, jedoch nicht ausdrücklich geregelt ist, ist in Übereinstimmung mit den allgemeinen Prinzipen des CISG zu entscheiden.
Demgegenüber ist Rechtsmaterie, die nicht zum Gegenstand des CISG gehört, nach dem Heimatrecht zu beurteilen.

66. *Gibt es rechtliche Fragestellungen, die nicht mit den allgemeinen Prinzipien des CISG entschieden werden können, die nach dem Heimatrecht entschieden werden müssen?*

Ja, Beispiele sind die Übereignung von Waren oder die Übertragung eines Kaufvertrages auf Dritte.

67. *Welche Vorschriften helfen bei der Beantwortung dieser Fragen?*

Der Art. 4 CISG, der den sachlichen Geltungsbereich des CISG festlegt.

68. *Welche Schwierigkeiten bestehen, wenn allgemeine Prinzipien für das CISG aus einzelnen Bestimmungen entwickelt werden sollen ?*

Wenn allgemeine Prinzipien nicht im CISG niedergelegt worden sind, besteht nicht nur das Problem, dass das allgemeine Prinzip nicht festgelegt worden ist sondern auch, welchen Inhalt und welche Auswirkung es haben soll.

Art. 8 Auslegung von Erklärungen und Verhalten

69. *Nach welchen Grundsätzen sind die Erklärungen und das Verhalten der Parteien auszulegen ?*

Erklärungen und das Verhalten von Parteien sind nach deren Willen auszulegen, wenn die jeweils andere Partei diesen Willen kannte oder darüber nicht in Unkenntnis sein konnte (Art.8 Abs.1 CISG).

70. *Welches ist der Unterschied in der Betrachtungsweise zwischen Art.7 und Art.8 CISG ?*

Art. 8 CISG betrifft die Auslegung und Interpretation der Erklärungen und des Verhaltens der Vertragsparteien selbst, während Art. 7 CISG die Interpretation und die Lückenfüllung des CISG behandelt.

71. *Wie unterscheiden sich Art.8 Abs.1 und Art.8 Abs.2 CISG ?*

Art. 8 Abs.1 CISG betrifft die Auslegung einer Willenserklärung nach dem Parteiwillen und dem Empfängerhorizont.
Art. 8 Abs.2 CISG betrifft eine objektive Auslegung nach der Verkehrsauffassung, wobei auch hier der Empfängerhorizont maßgebend ist, jedoch losgelöst von den Absichten der Parteien, in einer generalisierenden Form.

72. *Wie werden Handelsbräuche nach dem CISG interpretiert ?*

Handelsbräuche werden in Übereinstimmung mit den Interpretationsregeln für das CISG und insbesondere danach ausgelegt, welchen Sinn und Zweck die Vertragsparteien einem Handelsbrauch beimessen wollten. .

Art. 9 Handelsbräuche und Gepflogenheiten

73. *Können bei der Auslegung von Verträgen Handelsbräuche eine Rolle* *spielen ?*

Parteien sind an Gebräuche, mit denen sie sich einverstanden erklärt haben und an die Gepflogenheiten gebunden, die zwischen ihnen entstanden sind (Art. 9 Abs.1 CISG).

Wenn die Parteien nichts anderes vereinbart haben, so wird angenommen, dass sie sich in ihrem Vertrag oder bei dessen Abschluss stillschweigend auf Gebräuche bezogen haben, die sie kannten oder kennen mussten und die im internationalen Handel den Parteien von Verträgen dieser Art in dem betreffenden Geschäftszweig weithin bekannt sind und von ihnen regelmäßig beachtet werden (Art.9 Abs.2 CISG).

74. *Nach welchen Vorschriften bestimmt sich, ob sich die Parteien mit Gebräuchen einverstanden haben ?*

Das bestimmt sich nach den Vorschriften, die für den Abschluss eines Vertrages maßgeblich sind (Art. 8 und 14 CISG.)

75. *In welcher Reihenfolge werden die folgenden Rechtsquellen für die Auslegung eines UN-Kaufvertrages herangezogen ?*
- *Vorschriften des CISG;*
- *Individuell ausgehandelte Vertragsklauseln;*
- *Gebräuche, über die sich die Vertragsparteien geeinigt haben oder Gepflo genheiten die zwischen ihnen praktiziert wurden (Art.9 Abs.1 CISG);*
- *Allgemein bekannte und regelmäßig beachtete internationale Handelsbräuche (Art. 9 Abs.2 CISG) ?*

Die Reihenfolge der einzelnen Grundsätze hat von der Parteiautonomie auszugehen, die in Art. 6 CISG verankert ist.
Danach sieht die Hierarchie folgendermaßen aus:
1. Individuell ausgehandelte Vertragsklauseln;
2. Gebräuche, über die sich die Vertragsparteien geeinigt haben oder Gepflogenheiten, die zwischen ihnen praktiziert wurden (Art.9 Abs.1 CISG);
3. Allgemein bekannte und regelmäßig beachtete internationale Gebräuche (Art. 9 Abs.2 CISG);
4. Vorschriften des CISG.

76. *Müssen die Gebräuche, auf die sich die Vertragsparteien geeinigt haben, international akzeptiert sein ?*

Nein, Gebräuche auf die sich die Vertragsparteien ausdrücklich oder stillschweigend geeinigt haben, können regionale oder lokale Bräuche sein oder aus einer anderen Branche stammen.

77. *Wie häufig muss eine besondere Praxis zwischen zwei Vertragspartnern ausgeübt worden sein, damit es sich um Gepflogenheiten handelt, "die zwischen ihnen entstanden sind"?*

Damit es sich um Gepflogenheiten handeln kann, die zwischen den Vertragsparteien entstanden sind, reichen 2 Verträge nicht aus, damit es sich um eine länger ausgeübte vertragliche Beziehung handelt.

Art. 10 Niederlassung

78. *Was versteht man unter einer "Niederlassung" im Sinne des CISG?*

Der Begriff der Niederlassung wird vom CISG nicht definiert.
Eine an deutsche national-rechtliche Vorstellungen gebundene begriffliche Ausprägung - etwa die einer notwendigerweise in ein Handelsregister einzutragende Tatsache - wäre im Hinblick auf die erforderliche autonome Auslegung der Begriffe nach Art. 7 CISG zur Förderung der einheitlichen Anwendung des CISG nicht zutreffend.
Es ist zudem zu berücksichtigen, dass die deutsche Sprache keine der 6 Originalsprachen ist. Im englischen Originaltext heißt es : place of business, im französischen : Établissement.
Erforderlich ist für eine **Niederlassung** nach herrschender Meinung, dass eine juristische Eigenständigkeit nicht erforderlich ist, wenn
- ein Gebilde nebst einer Einrichtung vorhanden ist, die auf eine nicht völlig unerhebliche, sondern auf eine gewisse Dauer ausgerichtet ist (place of business) und
- Befugnisse mit einer gewissen Selbständigkeit vorhanden sind, um am Wirtschaftsverkehr teilzunehmen.

79. *Welche Bedeutung hat die "Niederlassung" im CISG (engl. place of business)?*

Die Niederlassung spielt für eine ganze Reihe von Rechtsfragen eine wichtige Rolle, so beispielsweise für die Frage, ob das CISG überhaupt Anwendung findet, wo eine Zahlung zu erfolgen hat oder wo der Gefahrenübergang erfolgt.

80. *Resultieren Schwierigkeiten daraus, dass Art. 10 Abs.1 CISG bei der Frage nach den engsten Beziehungen eines Vertrages sowohl von denen zum "Vertrag" als auch von denen zu dessen "Erfüllung" spricht?*

Ja; denn verhandelt, abgeschlossen oder modifiziert werden kann ein "Vertrag" an einem anderen Ort, wo er schließlich "erfüllt" wird.

81. *Spielt die Nationalität der Vertragspartner für die Frage ihrer Niederlassung eine Rolle ?*

Die Frage der Nationalität der Vertragsparteien ist für Rechtsfragen des CISG irrelant.

Art. 11 Formfreiheit

82. *Welche Formvorschriften müssen bei Kaufverträgen beachtet werden ?*

Im UN-Kaufrecht gilt das Prinzip der Formfreiheit. Beim Abschluss von Kaufverträgen, die dem CISG unterliegen, müssen keine Formvorschriften beachtet werden. Internationale Kaufverträge können mündlich, schriftlich, elektronisch per Internet oder in anderer Weise geschlossen werden (Art.11 CISG).

83. *Können die Vertragsparteien ein Formerfordernis vereinbaren ?*

Ja, die Vertragsparteien können ein Formerfordernis vereinbaren.
Das ergibt sich aus dem Grundsatz der Parteiautonomie des Art. 6 CISG.
Soweit allerdings die Regelungen des Art.12 CISG eingreifen ist eine derartige Vereinbarung wirkungslos.

84. *Können die Vertragsparteien ein Formerfordernis auch stillschweigend vereinbaren ?*

Ja, das können sie nach Art. 11 und Art.6 CISG.
Soweit allerdings die Regelungen des Art.12 CISG eingreifen ist eine derartige Vereinbarung wirkungslos.

85. *Müssen für Änderungsverträge Formvorschriften eingehalten werden ?*

Nein, auch für Änderungsverträge gilt der Grundsatz der Formfreiheit.
Allerdings gilt eine Besonderheit in dem Fall, dass dieser Änderungsvertrag die Vereinbarung enthält, dass er nur schriftlich geändert werden kann. In einem derartigen Fall gilt dann diese Vereinbarung in dem Änderungsvertrag nach Art. 29 Abs.2 CISG und dieser Änderungsvertrag könnte seinerseits tatsächlich nur schriftlich aufgehoben werden.
Entgegen dieser Regelung im CISG könnte eine derartige Vereinbarung jedoch nach deutschem BGB auch mündlich wieder aufgehoben werden (BGHZ 66, 378).

Art. 12 Wirkungen eines Vorbehalts hinsichtlich der Formfreiheit

86. *Grundsätzlich gilt das Prinzip der Formfreiheit für die Vertragsfreiheit der Parteien. Gibt es davon Ausnahmen ?*

Ja. Eine Ausnahme ist für den Fall geregelt, dass ein Vertragsstaat einen Vorbehalt zu der Formfreiheit in dem Art. 11 CISG erklärt hat und eine Partei ihre Niederlassung in einem derartigen Vertragsstaat hat (Art. 12 Satz 1 CISG)
Diese Bestimmung im CISG ist auf Veranlassung der ehemaligen UDSSR aufgenommen worden, die für ihre Außenhandelsgeschäfte die Schriftformpflicht beibehalten haben wollte.
Deutschland hat den Vorbehalt nicht eingelegt.

87. *Können die Parteien im Wege der Vertragsfreiheit von dieser Regelung in Art. 12 CISG abweichende Vereinbarungen treffen?*

Nein, das ist nicht möglich. Die Regelung ist zwingend. Die Parteien dürfen von der Vorschrift weder abweichen noch ihre Wirkung ändern (Art. 12 Satz 2 CISG).

Art. 13 Schriftlichkeit

88. *Was versteht man unter "Schriftlichkeit"?*

Der Ausdruck "schriftlich" umfasst auch Mitteilungen durch Telegramm oder Fernschreiben (Art. 13 CISG).

89. *Welche Situationen betrifft die Regelung in Art. 13 CISG ?*

Die Regelung in Art.13 CISG betrifft die Auslegung aller Fälle, in denen Schriftlichkeit erforderlich ist.
Die Regelung ist auf Antrag der Bundesrepublik Deutschland in das CISG aufgenommen worden.

90. *Erfüllt auch ein Telefax eine Schriftformpflicht ?*

Nach herrschender Meinung muss die Regelung in analoger Anwendung auch für ein Telefax gelten, da das Telefax als technische Weiterentwicklung des Fernschreibens anzusehen ist.
Im BGB entspricht jedoch eine Telefax nicht der Schriftformpflicht in § 126 BGB, da derartige Erklärungen nicht mit Unterschrift übermittelt werden können.

91. *Welches sind die Gründe für eine Schriftformpflicht ?*

Gründe für die Schriftformpflicht sind vielfältig. Im internationalen Geschäftsverkehr ist Schriftlichkeit ohnehin weithin üblich und dient Beweiszwecken. Dies ist

auch insbesondere bei verschiedenen Sprachen sehr wichtig.
In Großunternehmen müssen zudem Vorgänge von verschiedenen Mitarbeitern sub-
stituierbar bearbeitet werden können.

92. *Ist die Regelung in Art. 13 CISG abdingbar ?*

Ja, das ist möglich. Die Vertragsparteien können beispielsweise vereinbaren, dass
Schriftstücke persönlich unterzeichnet sein müssen, was eine Übermittlung mit
Fernschreiben und Telegrammen ausschließt.

93. *Gelten die Regelungen in Art. 13 analog auch für die modernen*
Kommunikationsmittel wie SMS oder e-mail ?

Diese Fragen der papierlosen Kommunikation in modernen Kommunikationswegen
sind noch nicht geklärt.
Jedenfalls müssen auch die verschiedenen Manipulationsmöglichkeiten in die Über-
legungen für diese Fragestellungen einbezogen werden.
Soweit papierlose moderne Kommunikationsmittel in ihrer Funktion die Übermittlung in Papierform ersetzen können, spricht das grundsätzlich für eine Fortentwick-
lung des CISG im Sinne von Art. 7 Abs.2 CISG.

Teil II Abschluss des Vertrages Art. 14–24 CISG

94. *Was ist der Gegenstand der Regelung in Teil II des UN-KaufG?*

In **Teil II** des CISG wird der **Abschluss** eines Kaufvertrages geregelt.

95. *Wie kommt ein Kaufvertrag nach dem CISG zustande?*

Ein Kaufvertrag kommt durch Angebot und Annahme zustande.

96. *Ist die Regelung im CISG hinsichtlich des Vertragsabschlusses vollständig?*

Nein. Die Regelung im CISG enthält beispielsweise keine Vorschriften über die Einbeziehung von Allgemeinen Geschäfsbedingungen.

Art. 14 Begriff des Angebots

97. *Welches sind die grundsätzlichen Voraussetzungen für ein Angebot?*

Nach Art. 14 Abs.1 CISG sind die zwei Voraussetzungen für ein Angebot ein **Verpflichtungswille** und ein **Mindestinhalt.**

98. *Welche Voraussetzungen sind für ein Vertragsangebot erforderlich, damit es gem. Art. 14 Abs.1 CISG "bestimmt genug ist"?*

Ein Vorschlag ist als Vertragsangebot "bestimmt genug" wenn er die Ware bezeichnet und ausdrücklich oder stillschweigend die Menge und den Preis festsetzt oder deren Festsetzung ermöglicht (Art.14 Abs.1 Satz 2 CISG).

99. *Wenn eines der notwendigen Mindesterfordernisse für ein Angebot fehlt, handelt es sich dann trotzdem um ein Angebot im Sinne des Art. 14 CISG?*

Ein derartiger Vorschlag einer Partei kann nicht ein Angebot für einen Vertragsabschluss sein und er kann demgemäß auch nicht durch eine Annahmeerklärung einen Vertragsabschluss bewirken.

100. *Reicht es für die Bestimmung eines Preises für ein Angebot aus, dass der Preis in einem künftigen Zeitpunkt vereinbart werden soll?*

Ja, ein derartiges Angebot ist "bestimmt" genug. Die Mindestbestandteile müssen nicht bestimmt sein, es ist ausreichend wenn sie "bestimmbar" sind und ihre Festsetzung ermöglicht ist (Art. 14 Abs.1 Satz 2 CISG).

101. *Handelt es sich um ein Angebot im Sinne des Art. 14 CISG, wenn eine Preisbestimmungsmöglichkeit in dem Vorschlag nicht vorgesehen ist?*

Nein, in einem derartigen Fall liegt kein Angebot im Sinne des Art. 14 Abs.1 Satz 2 CISG vor.

102. *Nach Art.55 CISG wird im Zweifelsfalle vermutet, dass sich die Vertragsparteien stillschweigend auf den Kaufpreis bezogen haben, der bei Vertragsabschluss allgemein für derartige Ware berechnet wurde, die in dem betreffenden Geschäftszweig unter vergleichbaren Umständen verkauft wurde.*
Liegt in dieser Regelung des Art. 55 CISG nicht ein schwerwiegender Widerspruch zu Art. 14 CISG?

Ja, darin liegt ein Widerspruch, der zu verschiedensten Rechtsansichten geführt hat. Die Fragestellung war schon bei den Beratungen zum CISG umstritten und die Lösung des Problems ist nach wie vor umstritten geblieben.
Teilweise wird die Meinung vertreten, dass es sich um einen offenen Widerspruch handelt, der in der Entstehungsgeschichte seinen Grund hat.
Teils wird die Meinung vertreten, dass Art.55 CISG Vorrang hat, sodass die Regelung in Art. 14 Abs.1 Satz 2 CISG weitgehend leerläuft und obsolet ist.
Manche Autoren sind demgegenüber der Ansicht, dass Art. 14 Abs.1 Satz 2 CISG absoluten Vorrang hat.
Nach wohl herrschender Meinung werden verschiedene Fallgestaltungen unterschieden. In vielen Fällen wird ein stillschweigend vereinbarter Preis oder dessen Bestimmbarkeit durch Auslegung zu ermitteln sein. Dabei soll der nach Art. 55 CISG genannte Preis eine Auslegungshilfe sein.

103. *Ein Angebot im Sinne des Art. 14 CISG alleine ist nicht ausreichend, um festzustellen, ob ein wirksames Angebot vorliegt.*
Welche weiteren Voraussetzungen nach dem Heimatrecht müssen für ein rechtswirksames Angebot vorliegen?

Es müssen beispielsweise die Rechts- und Geschäftsfähigkeit des Anbietenden vorliegen.
Die Identitäten des Anbietenden des Angebotsempfängers bei einem eventuellen "Handeln unter fremdem Namen" richten sich nach dem über das internationale Privatrecht berufene nationale Heimatrecht.

104. *Sind Vorschläge, die nicht an eine oder mehrere bestimmte Personen* *gerichtet sind, Angebote im Sinne des Art. 14 CISG ?*

Nein, derartige **Publikumsofferten** gelten nur als Aufforderungen, Angebote abzugeben, wenn nicht in den Offerten das Gegenteil deutlich zum Ausdruck gebracht wird.

105. *Wie ist es auszulegen, wenn es heißt "Angebot freibleibend" ?*

Ein derartiger Vorschlag wird generell als Aufforderung an den Empfänger angesehen, ein Angebot abzugeben.
Jedoch kann sich aus den nach Art.8 Abs.3 CISG zu berücksichtigenden Umständen etwas anderes ergeben, wenn etwa der Zusatz hinzugefügt wird: freibleibend entsprechend unserer Verfügbarkeit (vgl zu dieser Klausel auch BGH NJW 1984, 1885).

106. *Unter welchen Voraussetzungen werden Allgemeine Geschäftsbedingungen Vertragsinhalt ?*

Grundlage für die Frage, ob Allgemeine Geschäftsbedingungen Vertragsinhalt werden, ist die Auslegung nach Art. 8 CISG.

107. *Welche Voraussetzungen muss eine Partei erfüllen, wenn sie ihre Allgemeinen Geschäftsbedingungen zum Vertragsinhalt machen will ?*

Diese Partei muss ihre Allgemeinen Geschäftsbedingungen zum Inhalt ihres Angebots gem. Art. 14 CISG machen.

108. *Welche Voraussetzungen muss diese Partei dafür erfüllen ?*

Sie muss der anderen Partei ihre Absicht erkennbar machen und die andere Partei muss den Text der Allgemeinen Geschäftsbedingungen erhalten.

109. Welche Rolle spielt die Sprache der Allgemeinen Geschäftsbedingungen ?

Es ist ein Indiz für einen eventuellen Parteiwillen, dass Allgemeine Geschäftsbedingungen, die in einer fremden Sprache verfasst sind, möglicherweise dann Vertragsinhalt werden sollten, wenn sie in derselben Sprache wie der Vertragstext verfasst sind. Die Beantwortung der Frage hängt von den Umständen des einzelnen Falles ab.

Art. 15 Wirksamwerden des Angebots, Rücknahme

110. *Wann wird ein Angebot wirksam ?*

Ein Angebot wird mit Zugang beim Empfänger wirksam (Art. 15 Abs.1 CISG).

111. *Kann ein zwar abgesandtes aber noch nicht beim Empfänger zugegangenes Vertragsangebot wieder zurückgenommen werden ?*

Dies ist unter der Voraussetzung möglich, dass dem Empfänger Rücknahmeerklärung vor oder spätestens gleichzeitig mit dem Vertragsangebot zugeht (Art. 15 Abs.2 CISG).
Die Regelung entspricht dem deutschen § 130 Abs.1 Satz 2 BGB.

112. *Unter welchen Gesichtspunkten muss Art.15 CISG im Hinblick auf die modernen Kommunikationsmitteln gesehen werden ?*

Der Begriff des "Zugangs" muss im Hinblick auf e-mails und anderen elektronischen Kommunikationsformen gesehen werden.

113. *Welche Probleme können hinsichtlich des Empfangs von elektronischen Nachrichten auftreten ?*

Es können Probleme auftauchen, weil beispielsweise eine Nachricht vom Empfänger wegen eines Defektes des Rechners nicht geöffnet und gelesen werden kann. Oder wegen eines Zusammenbruchs des Servers erreichen die Nachrichten den Empfänger nicht.

Art. 16 Widerruf des Angebots

114. *Kann ein dem Empfänger bereits zugegangenes Vertragsangebot vom Anbieter widerrufen werden ?*

Ja, diese Möglichkeit besteht grundsätzlich. Jedoch endet sie, wenn der Empfänger seine Annahmeerklärung "abgesandt" hat (Art. 16 Abs.1 CISG).
Wenn der Empfänger seine Annahmeerklärung abgesandt hat, kann der Anbieter sein Angebot nicht mehr widerrufen.
Nicht erforderlich ist, dass die Annahme dem Anbieter zugegangen ist. Diese Regelung im CISG weicht von der des BGB ab.

115. *Warum ist das einfache Absenden der Annahmeerklärung ausreichend ?*

Eine Annahmeerklärung wird grundsätzlich – mit der Ausnahme in Art. 18 Abs.3 CISG – erst mit Zugang wirksam. Demgemäß würde der Vertrag erst mit Zugang der Annahme beim Anbieter wirksam werden und bis zu diesem Zeitpunkt könnte der

Anbieter sein Angebot widerrufen.

Dieser Zeitpunkt der Widerrufbarkeit wird in Art. 18 Abs.3 CISG zu Lasten des An-bieters und zu Gunsten des Annehmenden vorverlegt. Die gesetzlich vorverlegte Widerrufssperre verschafft dem Annehmenden auch hinsichtlich des fixen Zeit-punkts der Unwiderruflichkeit Klarheit und schützt ihn insoweit.

Die Regelung entstammt dem Rechtskreis des Common Law.

116. *In welchem Zeitpunkt erfolgt der Vertragsabschluss ?*

Der Vertragsabschluss erfolgt mit dem Eintritt der Wirksamkeit der Annahmeerklä-rung – und das ist der Zeitpunkt des Zugangs der Annahme beim Anbietenden.

In diesem Zeitpunkt wird der Kaufvertrag wirksam abgeschlossen.

Art. 17 Erlöschen des Angebots

117. *Wann erlischt ein Angebot ?*

Ein Angebot erlischt mit Rücknahme, Widerruf oder mit Ablehnung durch den Empfänger (Art. 17 CISG).

118. *Wie verhalten sich die Regelungen in Art.17 und in Art. 19 CISG zueinander ?*

Art. 19 Abs.1 CISG betrifft Fälle, in denen ein Angebot grundsätzlich angenommen wird und lediglich Ergänzungen oder Einschränkungen enthält, während Art. 17 CISG eine vollständige Ablehnung enthält.

Art. 18 Begriff der Annahme

119. *In welcher Zeit muss ein Angebot angenommen werden ?*

Soweit ein Angebot eine bestimmte Frist enthält, muss dem Anbieter die Annahme binnen dieser Frist zugegangen sein (Art. 18 Abs.2 Satz 2 CISG).

Ohne eine Fristsetzung in einem **mündlichen** Angebot muss die Annahme sofort er-folgen (Art. 18 Abs. 2 Satz 3 CISG).

Bei einem **schriftlichen** Angebot ohne Fristsetzung muss die Annahme binnen einer "angemessenen Frist" erfolgen (Art.18 Abs.2 Satz 2 CISG).

Für die **Angemessenheit** der Frist sind die Umstände des Geschäfts einschließlich der Schnelligkeit der vom Anbietenden gewählten Übermittlungsart zu berücksichti-gen..

120. *Wie verhält es sich bei mündlichen Angeboten im Wege der* *elektronischen Kommunikation ?*

Müssen auch im Falle einer elektronischen Kommunikation, wie beispielsweise über Skype ebenfalls sofort angenommen werden.

Art. 19 Ergänzungen, Einschränkungen und sonstige Änderungen zum Angebot

121. *Kommt durch Annahmeerklärungen mit Erweiterungen, Einschränkungen oder anderen Änderungen des Angebots der anderen Vertragspartei einen Vertrag zustande ?*

Nein, Annahmeerklärungen mit Erweiterungen, Einschränkungen oder anderen Änderungen gelten als Ablehnung des Angebots, verbunden mit einem Gegenangebot (Art. 19 Abs.1 CISG).

Diese Regelung im UN-Kaufrecht entspricht § 150 Abs.2 BGB.

122. *Welche Änderungen in der Annahmeerklärung sind als "wesentlich" anzusehen ?*

Als "wesentlich" werden Ergänzungen oder Abweichungen angesehen, die sich insbesondere auf Preis, Bezahlung, Qualität und Menge der Ware, auf Ort und Zeit der Lieferung, auf den Umfang der Haftung der einen Partei gegenüber der anderen oder auf die Beilegung von Streitigkeiten beziehen (Art. 19 Abs.3 CISG).

123. *Stellen auch "nicht wesentliche" Änderungen in der Annahmeerklärung eine Ablehnung des Angebots dar ?*

Nein. Nicht wesentliche Änderungen der Bedingungen des Angebots stellen eine Annahme dar und bringen den Vertrag mit den in der Annahme enthaltenen Änderungen zustande (Art. 19 Abs.2 Satz 2 CISG), wenn der Anbietende das Fehlen der Übereinstimmung nicht unverzüglich mündlich beanstandet oder eine entsprechende Mitteilung absendet (Art. 19 Abs.2 Satz 1 CISG)

124. *Gibt es eine Regelung für kollidierende Allgemeine Geschäftsbedingungen (battle of forms) im CISG ?*

Eine ausdrückliche Regelung der Behandlung von kolllidierenden Allgemeinen Geschäftsbedingungen, der sog. **battle of forms**, ist im CISG unterblieben.
Man konnte bedauerlicherweise zu dieser wichtigen Fragestellung keine Einigung herbeiführen.

125. *Wie ist die Rechtslage bei kollidierenden Allgemeinen Geschäftsbedingungen ?*

Die Lösung des Problems muss nach den Vorgaben in Art. 19 CISG erfolgen.
Eine herrschende Meinung hat sich noch nicht gebildet.
Nach wohl überwiegender Ansicht gilt die Theorie des "letzten Wortes", soweit sich durch die Auslegung der Parteierklärungen keine Lösung finden lässt.

Art. 20 Annahmefrist

126. *Werden Feiertage in die Berechnung von Fristen einbezogen ?*

Gesetzliche Feiertage oder arbeitsfreie Tage, die in die Laufzeit der Annahmefrist fallen, werden bei der Fristberechnung mit gezählt, um der zahlreichen Unterschiedlichkeiten der verschiedenen Staaten bei internationalen Kaufverträgen Rechnung zu tragen (Art.20 Ab.1 Satz 1 CISG).

127. *Welches ist der Sinn und der Zweck für die Ausnahmeregelung in Art. 20 Abs.2 Satz 2 CISG ?*

Sinn und Zweck der Ausnahmeregelung in Art. 20 Abs.2 Satz 2 CISG ist, um sicher zu gehen, dass der Empfänger die Notiz der Annahme empfängt, die nicht notwendigerweise ausführbar ist wenn die Auslieferung an Nicht-Geschäftstagen erfolgt.

Art. 21 Verspätete Annahme

128. *Was wäre eine typische Situation für eine verspätete Annahme im Zeitalter der elektronischen Kommunikation ?*

Ein typisches Beispiel für eine Verzögerung wäre ein technisches Problem eines Servers der Vertragsparteien.

Art. 22 Rücknahme der Annahme

129. *Kann eine Annahmeerklärung wieder zurückgenommen werden ?*

Eine Annahmeerklärung kann bis zu dem Zeitpunkt zurückgenommen werden, wenn sie dem Anbietenden spätestens bis zu dem Zeitpunkt zugeht, in dem die Annahme wirksam geworden wäre (Art. 22 CISG).

130. *Können Sie für eine derartige Situation ein Beispiel nennen ?*

Der Annehmende hat seine Annahmeerklärung per Post abgesandt und teile dem Anbietenden per Telefon vor Eingang der Post mit, dass er die Annahme zurücknehme.

Art. 23 Zeitpunkt des Vertragsschlusses

131. *In welchem Zeitpunkt wird ein Vertrag geschlossen ?*

Ein Vertrag wird in dem Zeitpunkt geschlossen, in dem die Annahme eines Angebots nach dem CISG wirksam wird (Art. 23 CISG).
Diese Regelung ist selbstverständlich die sich auch bereits aus Art. 18 Abs.2 Satz 1 oder Abs.3 CISG ergibt.

Art. 24 Begriff des Zugangs

132. *Welche Art von Willenserklärungen werden von Art. 24 CISG erfasst ?*

Art. 24 CISG erfasst lediglich die **zugangsbedürftigen** Willenserklärungen.
Darunter fallen die ausdrücklich genannten Angebote und Annahmen , sowie sonstige zugangsbedürftige Willenserklärungen, wie:
Rücknahme eines Angebots (Art.15 CISG), Widerruf eines Angebots (Art.16 CISG), Ablehnung eines Angebots (Art.17 CISG), Setzung einer Annahmfrist (Art, 20 Abs.1 CISG), Rücknahme der Annahme (Art. 22 CISG).
Die nicht zugangsbedürftigen Willenserklärungen im Bereich des UN-Kaufrechts werden bereits mit der **Absendung** wirksam.
Dazu gehören:
Die Verwahrung gegen unwesentliche Abweichungen in der Annahmeerklärung (Art. 19 Abs.2 Satz 1 CISG), die Billigung einer verspäteten Annahmeerklärung (Art. 21 Abs.1 CISG) und der Widerspruch nach Art. 21 Abs.2 CISG.

133. *Welche beiden Arten von zugangsbedürftigen Willenserklärungen werden in Art. 24 CISG unterschieden ?*

Art. 24 CISG unterscheidet zwischen "**mündlichen**" Willenserklärungen und solchen, die ihm "**auf anderem Weg**" zugestellt werden.

134. *Was versteht man unter einer "mündlichen" Erklärung im Sinne des Art. 24 CISG ?*

"Mündlich" ist eine zugangsbedürftige Willenserklärung, die unter Anwesenden oder telefonisch oder per Funk direkt an den Erklärungsempfänger in gesprochenen

Worten unter gleichzeitiger Anwesenheit beider Parteien übermittelt wird und von dem Empfänger unmittelbar zu vernehmen ist.

Die Übermittlung durch die mittelbare Wiedergabe einer Willenserklärung, die beispielsweise auf einem Tonträger festgehalten ist, ist nicht ausreichend.

Auch der Empfang einer mündlichen Willenserklärung durch einen automatischer Anrufbeantworter ist für einen Zugang nicht ausreichend, weil Erklärender und Empfänger nicht gleichzeitig anwesend sind.

135. *Ist die mündliche, auf einen telefonischen Anrufbeantworter aufgesprochene Willenserklärung dem Empfänger "mündlich gemacht"?*

Die Beantwortung dieser Frage ist stark umstritten.

Jedoch handelt es sich bei Anrufbeantwortern, elektronischen Briefkästen etc. in der Regel um eine Zustellung der Willenserklärung "auf anderem Weg".

136. *Muss eine mündliche Willenserklärung dem Empfänger persönlich gemacht werden, oder reicht doe mündliche Erklärung gegenüber einem empfangsbedürftigen Stellvertreter?*

Natürlich reicht die Übermittlung an einen empfangsbedürftigen Stellvertreter. Andernfalls könnte gegenüber Juristischen Personen, wie der Aktiengesellschaft oder der GmbH die mündliche Übermittlung einer Willenserklärung überhaupt nicht erfolgen, da Juristische Personen im geschäftlichen Verkehr ausschließlich nur über Stellvertreter auftreten können.

137. *Spielt es eine Rolle, ob eine Willenserklärung außerhalb der Geschäftszeit erfolgt?*

Nein, das spielt bei mündlichen zugangsbedürftigen Willenserklärungen keine Rolle, da beide Partner anwesend sind.

Teil III Warenkauf Art. 25-89 CISG

Kapitel I. **Allgemeine Bestimmungen**

Kapitel II. **Pflichten des Verkäufers**
    Abschnitt I. Lieferung der Ware und Übergabe der Dokumente
    Abschnitt II. Vertragsmäßigkeit der Ware sowie Rechte oder Ansprüche Dritter

Kapitel III. **Pflichten des Käufers**
    Abschnitt I. Zahlung des Kaufpreises
    Abschnitt II. Abnahme
    Abschnitt III. Rechtsbehelfe des Verkäufers wegen Vertragsverletzung durch den
               Käufer

Kapitel IV. **Übergang der Gefahr**

Kapitel V. **Gemeinsame Bestimmungen über die Pflichten des Verkäufers**
    und des Käufers
    Abschnitt I. Vorweggenommene Vertragsverletzung und Verträge über
               aufeinander folgende Lieferungen
    Abschnitt II. Schadensersatz
    Abschnitt III. Zinsen
    Abschnitt IV. Befreiungen
    Abschnitt V. Wirkungen der Aufhebung
    Abschnitt VI. Erhaltung der Ware

138. *Welches ist der Regelungsgegenstand des Teil III des CISG (Art. 25 – 88 CISG) ?*

In Teil III des UN-Kaufrechts ist das materielle Kaufrecht, die Rechte und Pflichten der Vertragsparteien, sowie die Leistungsstörungen, geregelt

Kapitel I. Allgemeine Bestimmungen

Art. 25 Wesentliche Vertragsverletzung

139. *Was ist eine "Vertragsverletzung" ?*

Der Begriff der Vertragsverletzung "breach of contract" (Art. 25 CISG) wird vom CISG synonym mit dem Begriff der "Nichterfüllung" (Art. 45 Abs.1 CISG) verwandt. Der sprachliche Wechsel im Ausdruck bezeichnet in der Sache dasselbe.

140. *Unter welchen Voraussetzungen ist eine Vertragsverletzung "wesentlich" ?*

Eine "wesentliche" Vertragsverletzung erfordert zwei Voraussetzungen:
1. Die Vertragsverletzung muss für die andere Partei solche Nachteile bringen,

dass ihr im Wesentlichen das entgeht, was sie nach dem Vertrag hätte erwarten dürfen.

2. Die Folge muss von der vertragsbrüchigen Partei vorhergesehen worden sein oder zumindest von einer vernünftigen Person der gleichen Art vorgesehen werden können (Art. 25 CISG).

141. *Welches sind Beispiele für "wesentliche" Vertragsverletzungen ?*

Eine "wesentliche" ist die Unmöglichkeit. Auch der Verzug kann eine "wesentliche" Vertragsverletzung darstellen.

142. *Welche wichtigen Rechtsfolgen lösen "wesentliche Vertragsverletzungen" aus ?*

Das Vorliegen einer "wesentlichen" Vertragsverletzung ist insbesondere Voraussetzung für die Rechtsbehelfe
- der **Vertragsaufhebung** (für den Käufer : Art. 49 Abs.1 a CISG und für den Verkäufer : Art. 64 Abs.1 a CISG);
- der **Nachlieferung** wegen vertragswidriger Beschaffenheit der Ware (für den Käufer: Art. 46 Abs.2 CISG).
Außerdem ist die "wesentliche" Vertragsverletzung für den **Gefahrübergang** von Bedeutung (Art. 70 CISG).

143. *Wann spielt die **"Vorhersehbarkeit"** eine Rolle ?*

Die vertragsbrüchige Partei musste in der Lage gewesen sein, die Konsequenzen des Vertragsbruchs vorherzusehen, um für deren Folgen einstehen zu müssen (Art.25 Satz 1 CISG)..

144. *Warum ist Art. 25 CISG restriktiv zu interpretieren ?*

Weils die schwerwiegende Rechtsfolge, dass die vertragstreue Partei die Nichtigkeit des Kaufvertrages erklären kann, bei der Komplexität internationaler Kaufverträge die ultima ratio im Geschäftsverkehr sein sollte.

145. *Ist die internationale Rechtsprechung zur Frage der "Wesentlichkeit" einheitlich ?*

Nein. Entgegen der Vorgabe in Art. 7 CISG, das UN-Kaufrecht möglichst weltweit einheitlich anzuwenden, weichen die Gerichtsentscheidungen der Vertragsstaaten hinsichtlich der Beurteilung der "wesentlichen" Vertragsverletzungen" erheblich voneinander ab.
Unterschiedliche nationale Wertungen und kulturell überkommene Traditionen sind eine Ursache.

146. *Welche Vertragspartei trägt die Beweislast für einen Vertragsbruch?*

Die Beweislast für einen Vertragsbruch trägt die vertragstreue Partei, die den Vertragsbruch behauptet.

Art. 26 Aufhebungserklärung

147. *Aus welchem Grund ist eine Aufhebungserklärung nach Art. 26 CISG nur wirksam, wenn sie der anderen Partei mitgeteilt wird?*

Im internationalen Geschäftsverkehr wäre eine automatische Nichtigkeit nicht angemessen, die die andere Partei nicht in die Kenntnis versetzen würde, dass die erste Partei den Vertrag wegen einer wesentlichen Vertragsverletzung aufgehoben hat.

148. *Kann eine Nichtigkeitserklärung widerrufen werden, nachdem sie der anderen Partei zugegangen ist?*

Nein, nach den allgemeinen Grundsätzen dieses Teils des CISG kann eine Erklärung nur widerrufen werden, bevor sie der anderen Partei zugegangen ist (Art. 15 Abs.2 und 22 CISG).

Art. 27 Absendetheorie

149. *Fällt eine mündliche Kommunikation in den Anwendungsbereich des Art. 27 CISG?*

Es ist umstritten, ob die mündliche Kommunikation unter den Begriff "Nichteintreffen" fällt und ob dementsprechend Art. 27 CISG auf die mündliche Kommunikation Anwendung findet.

Nach überwiegender Ansicht sprechen die Formulierungen "Übermittlung der Mitteilung" und "Nichteintreffen" dafür, dass Art. 27 CISG derartige mündliche Mitteilungen unter Anwesenden oder am Telefon nicht umfasst.

Es besteht auch ein sachlicher Unterschied, da der Erklärende bei der direkten Kommunikation durch mündliche Erklärungen die Vernehmbarkeit seiner Äußerungen verfolgen und durch Rückfragen eventuelle Missverständnisse sofort aufklären kann.

150. *Welches sind "die nach den Umständen geeigneten Mittel" der Kommunikation, die Art. 27 CISG benennt?*

Das betrifft beispielsweise die räumliche Entfernung, die verwendete Sprache, die Tageszeit und die Praxis, die sich zwischen den Vertragsparteien entwickelt hat.

151. *Welche Situation herrscht hinsichtlich der elektronischen Kommunikation und dem e-commerce ?*

Es ist inzwischen unbestritten, dass e-mails eine angemessene Form für Erkllärungen darstellen, soweit die Parteien dem e-mail- Verkehr zugestimmt haben.
Im Sinne des Art. 27 CISG ist eine Nachricht wirksam, wenn sie das Informationssystem des Absenders verlassen hat.

Art. 28 Erfüllungsanspruch

152. *Hängt es bei einem Anspruch auf Erfüllung einer Verpflichtung in Natur davon ab, in welchem Land ein Gericht über diesen Anspruch zu entscheiden hat ?*

Ja, ist eine Vertragspartei nach dem CISG berechtigt, von der anderen Vertragspartei die Erfüllung einer Verpflichtung zu verlangen, so braucht ein Gericht eine Entscheidung auf Erfüllung in Natur nur zu fällen, wenn es dies auch nach seinem eigenen Recht bei gleichartigen Kaufverträgen täte, die nicht unter das CISG fallen (Art.28 CISG).

153. *Für welche Fälle gilt diese Regelung in Art. 28 CISG ??*

Diese Regelung gilt für Erfüllungsansprüche in Natur.

154. *In welchem Verhältnis stehen die Regelungen in Art. 28 CISG und der Freiheit eines Gerichts in seiner Entscheidung über den Anspruch auf Erfüllung in natura einer Vertragspartei einerseits und dem Anspruch einer Vertragspartei auf Erfüllung nach Art. 46 CISG andererseits ?*

Die Rechtsanwendung des Art.46 CISG steht unter dem Vorbehalt des Art. 28 CISG.

155. *Welches ist der praktische Unterschied zwischen einer Pflicht zum Schadenersatz für eine Geldforderung und dem Erfüllungsanspruch für eine derartige Geldforderung ?*

Da besteht im praktischen, wirtschaftlichen Ergebnis kein Unterschied.

156. *Welches ist der praktische Unterschied zwischen einer Pflicht zum **Schadenersatz** für eine nicht in Geld bestehenden Forderung und einer Pflicht, eine nicht in einer Geldforderung bestehenden Forderung zu **erfüllen** ?*

Der praktische Gewicht dieses Unterschieds und die in Art. 28 CISG vorgenommene Beschränkung der Klagbarkeit des Erfüllungsanspruchs ist nicht so erheblich. Im Vordergrund der internationalen Gerichtspraxis steht ohnehin der Schadenersatzprozess.

Im Hinblick auf die Verpflichtung, eine normale Geldforderung zu erfüllen, ist der Schadenersatz praktisch dasselbe, wie die Naturalerfüllung.

Bei Verpflichtungen, die nicht in einer Geldforderung bestehen, zeitigen Klagen auf Erfüllung in Natur andere Rechtsfolgen nach sich, als nur eine Schadenersatzverpflichtung.

So sind beispielsweise im deutschen Recht Erfüllungsansprüche in Natur nach § 275 Abs.1 BGB ausgeschlossen, da der Schuldner frei wird, auch wenn er die Unmöglichkeit infolge einer Pflichtverletzung zu vertreten hat und Klagen auf Erfüllung in Natur werden im Falle einer Unmöglichkeit abgewiesen, wenn der Gläubiger keinen Schadenersatzanspruch, gegebenenfalls im Weg meiner Umstellung seines Klageantrages gem. § 264 Nr.3 ZPO geltend macht.

157. *Welche Funktionen erfüllt die Regelung des Art. 28 CISG ?*

Art. 28 erfüllt zwei Funktionen:
1. Die Bestimmung begrenzt in **prozessrechtlicher** Hinsicht die gerichtliche Durchsetzbarkeit von Erfüllungsansprüchen.
2. Die Bestimmung beruft in **kollisionsrechtlicher** Hinsicht das für Erfüllungsansprüche maßgebliche Recht des Forums.

158. *Welches sind die Gründe für diese auf den ersten Blick etwas merkwürdige Regelung in Art. 28 CISG ?*

Der Grund für diese Regelung ist eine Kompromisslösung zwischen den grundsätzlich verschiedenen Rechtssystemen der kontinentaleuropäischen Rechtsord- nung und dem Common Law.

Nach der Anschauung und Tradition der **kontinentaleuropäischen** Rechtsauffassung und der Rechtsauffassung der meisten Vertragsstaaten ist eine Erfüllung in Natur selbstverständlich primär und demgegenüber ist ein Schadensersatzanspruch nur sekundär. Das folgt aus dem Grundsatz "pacta sunt servanda". Ein Schuldner soll sich nicht freikaufen können.

Nach der Rechtsauffassung des **Common Law** im anglo-amerikanischen Rechtsbereich ist der primäre Rechtsbehelf der Anspruch auf Schadenersatz.

Der Anspruch auf Durchführung des Vertrages in der vertraglich vereinbarten Weise (specific performance) wird nur ausnahmsweise als Alternative zugelassen. Dazu muss der Gläubiger hieran ein besonderes Interesse haben, wie beispielsweise nach dem Uniform Commercial Code (UCC § 2 – 716), wenn die Ware "unique" (einzigartig, unersetzlich) ist. "Unique" sind beispielsweise Waren, wie Kunstgegenstände oder Antiquitäten und Handelsgüter, für die sich der Käufer nicht ohne weiteres Ersatz beschaffen kann.

Problematisch und umstritten in der Lösung sind auch die Fälle, in denen sich der Marktpreis und damit auch der vom Schuldner zu ersetzende Schaden sich ständig erhöht.

Dieser unüberwindliche Gegensatz in den Rechtsanschauungen wurde durch den Kompromiss in Art. 28 CISG aufgelöst. Den Vertragsstaaten soll nicht zugemutet werden, von den fundamentalen Prinzipien ihres Verfahrensrechts abzuweichen. Jedes Gericht soll eine Erfüllungsklage so entscheiden, wie es das nach seinem eigenen Heimatrecht (der lex fori) gewohnt ist.

159. *Gibt es einen weiteren in der Sache liegenden Grund für diese besondere Regelung für Waren, die "unique" sind?*

Ja. Derartige Waren, wie Antiquitäten oder Kunstgegenstände, haben vielfach auch einen immateriellen Wert, der mit einer einfachen Schadensregulierung nicht ausgeglichen werden kann.

Art. 29 Vertragsänderung oder Aufhebung

160. *Was ist der Unterschied zwischen einer Handelsklausel und einer schriftlichen Vertragsklausel?*

Eine Handelsklausel schließt externe Informationen aus und setzt voraus, der schriftliche Kaufvertrag die Gesamtheit der Vereinbarungen zwischen den Parteien enthält. Eine Vorbehaltsklausel im Sinne eines ausschließlich schriftlich änderbaren Kaufvertrages gem. Art.29 Abs.2 CISG stellt fest dass Änderungen schriftlich zu geschehen habe.
Jedoch haben die Klauseln einen unterschiedlichen Sinn und Zweck:
Eine Handelsklausel schließt nicht hereinspielendes Beweismaterial aus.
Schriftliche Änderungsklauseln erlauben spätere Änderungen.

161. *Können schriftliche Modifikationsklauseln der Vertragsparteien durch Handelsklauseln außer Kraft gesetzt werden?*

Nein, ausdrückliche schriftliche Vertragsregelungen gehen jeglichen Handelsbräuchen vor.

Kapitel II. Pflichten des Verkäufers Art. 30–44 CISG

Art. 30 Pflichten des Verkäufer

162. *Welches sind die wesentlichen Pflichten eines Verkäufers nach dem UN-Kaufrecht ?*

Der Verkäufer muss dem Verkäufer die Ware liefern, die erforderlichen Dokumente übergeben und das Eigentum an der Ware verschaffen (Art. 30 CISG).

163. *Welche Dokumente muss der Verkäufer dem Käufer übergeben ?*

Die Art der zu übergebenden Dokumente ergibt sich primär aus der Parteivereinbarung.
Soweit die INCOTERMs vereinbart sind, enthalten diese eine detaillierte Regelung der erforderlichen Dokumente, insbesondere beispielsweise die Transportdokumente, wie Konnossement, Frachtbriefdoppel; die Lagerpapiere, wie Lagerschein, Lieferschein oder Versicherungsdokumente.

164. *Weichen die grundlegenden Verkäuferpflichten nach dem UN-Kaufrecht von denen des BGB und HGB ab ?*

Nein, das ist nicht der Fall.
Die Verkäuferpflichten nach Art. 30 CISG sind im Wesentlichen dieselben wie die nach § 433 BGB. Die ausdrücklich benannte Pflicht zur Übergabe der Dokumente besteht nach dem Recht des BGB als Nebenpflicht aus dem Kaufvertrag.

Abschnitt I.   Lieferung der Ware und Übergabe der Dokumente Art.31-34 CISG

Art. 31 Inhalt der Lieferpflicht und Ort der Lieferung

165. *An welchem Ort muss der Verkäufer leisten ?*

Der Ort der Lieferpflicht ergibt sich aus der Parteivereinbarung.
Im Normalfall in der Wirtschaftspraxis ist der Verkäufer zur Beförderung der Ware verpflichtet (Versendungskauf). In diesem Fall muss der Verkäufer die Ware an den ersten Beförderer zur Übermittlung an den Käufer übergeben (Art. 31 a CISG).

166. *Wo liegt der Leistungsort, wenn keine Regelung getroffen und keine Beförderung vorgesehen ist ?*

Wenn in dem Kaufvertrag keine Regelung getroffen worden ist, geht das UN-Kaufrecht grundsätzlich von einer Holschuld aus.
Der Verkäufer muss dem Käufer die Ware an dem Leistungsort "zur Verfügung stel-

len" (Art. 31 b CISG).
Im Einzelnen finden sich in Art. 31 b CISG differenzierte Regelungen.

167. *Wann wird eine Lieferung im Falle von mehreren Beförderern wirksam ?*

Die Lieferpflicht des Verkäufers ist mit der Übergabe an den ersten Beförderer zur Übermittlung an den Käufer erfüllt.

168. *Wann ist die Lieferpflicht erfüllt, wenn der Verkäufer die Ware durch die eigenen Leute zum Käufer befördern lässt ?*

Wenn der Verkäufer die Waren durch die eigenen Leute zum Käufer transportieren lässt und damit die Kontrolle über die Waren behält, liegt keine "Beförderung" im Sinne des Art. 31 a CISG vor. Unter derartigen Umständen ist die Lieferpflicht erst erfüllt, wenn die Waren die Kontrollmöglichkeiten des Verkäufers verlassen hat, normalerweise also erst mit der Übergabe an den Käufer am Bestimmungsort.

169. *Wie ist die Rechtslage, wenn die Ware an einen Spediteur übergaben wird ?*

Es ist umstritten, ob die Lieferung überhaupt durch Übergabe an einen Spediteur bewirkt werden kann.
Nach deutschem Recht ist der Spediteur ein Unternehmer, der es übernimmt, die Versendung der Ware durch Frachtführer oder Verfrachter von Seeschiffen für Rechnung des Verkäufers zu besorgen (§ 407 HGB). Der Spediteur führt also den Transport nicht selbst durch, sondern er organisiert diesen. Beschränkt sich die Einschaltung durch den Verkäufer auf einen Spediteur in diesem Sinne kann es nicht zu einer "Übergabe" der Ware an ihn kommen.
Erst wenn der vom Spediteur beauftragte Frachtführer die Ware übernimmt kann von einer "Übergabe" an den ersten Beförderer gesprochen werden.
Eine Übergabe an den Spediteur als erstem Beförderer kann nur nach den besonderen Fallgestaltungen in einem einzelnen Fall vorliegen, wenn der Spediteur in atypischer Weise eine Tätigkeit übernimmt, die über das Speditionsgeschäft im Sinne des § 407 HGB hinausgeht.

170. *Nach Art. 31 b CISG werden vier verschiedene Fälle unterschieden. Welche sind das ?*

1. Bestimmte Waren;
2. Gattungsmäßig bestimmte Waren; die aus einem bestimmten Bestand zu entnehmen ist;
3. Herzustellende Ware;
4. Zu erzeugende Ware.

171. *Was bedeutet die Formulierung: "die Ware dem Käufer an diesem Ort zur Verfügung zu stellen" in Art. 31 b (am Ende) CISG ?*

Dem Käufer hat die Ware in der Art am Lieferort zur Verfügung zu stellen und bereit zu stellen, dass er alles tut, was von seiner Seite erforderlich ist, um dem Käufer die Abholung und Inbesitznahme der Ware zu ermöglichen.

Art. 32 Verpflichtungen hinsichtlich der Beförderung der Ware

172. *Gibt es bestimmte Waren oder besondere Umstände, die eine besondere Kennzeichnung der Ware erforderlich machen ?*

Ja, wenn die Waren für den Käufer nicht klar zu identifizieren sind.

173. *Ist der Verkäufer einer zu versendenden Ware verpflichtet, diese zu versichern ?*

Der Verkäufer einer zu versendenden Ware ist verpflichtet, alle für die Versendung der Ware für solche Beförderungen erforderlichen Verträge mit den "für solche Beförderungen üblichen Bedingungen" abzuschließen (Art. 32 Abs.1 CISG).

174. Welche rechtlichen Konsequenzen hat die Mitteilung des Verkäufers an den Käufer gem. Art. 32 Abs.1 CISG, dass die Ware versandt worden ist ?

Die Anzeige führt dazu, dass die Transportgefahr in den Fällen des Art.32 Abs.1 CISG **rückwirkend** auf den Käufer übergeht (Art. 67 Abs.2 CISG).

Art. 33 Zeit der Lieferung

175. *Zum welchem Zeitpunkt muss der Verkäufer leisten ?*

Der Leistungszeitpunkt ergibt sich aus dem Kaufvertrag. Soweit nichts anderes vereinbart ist, hat der Verkäufer die Ware "innerhalb einer angemessenen Frist nach Vertragsabschluss" zu liefern (Art. 33 a – c CISG.)
Die "angemessene" Zeit bestimmt sich nach den Umständen des Falles.
Im bürgerlichen Recht ist der Leistung "sofort" zu erbringen (§ 271 BGB).

176. *Welche Regelung gilt für den Fall, dass der Verkäufer vorzeitig leisten will ?*

Im Falle einer vorzeitigen Lieferung durch den Verkäufer obliegt die Entscheidung bei dem Käufer, ob er die Ware annehmen oder deren Annahme verweigern will (Art. 52 Abs.1 CISG).

177. *Welchen Sinn und Zweck verfolgt die Regelung in Art. 33 CISG ?*

Die Regelung in Art. 33 CISG verfolgt den Zweck der Sicherung einer einheitlichen Interpretation und Anwendung der Lieferverpflichtungen des Verkäufers. Insbesondere besteht die Funktion des Art. 33 CISG in der subsidiär eingreifenden Regelung des Art. 33 c CISG, die festlegt, ab welchem Zeitpunkt dem Käufer, der die Ware nicht erhalten hat, die Rechtsbehelfe der Art. 45 ff. CISG zustehen.

178. *Aufgrund welcher Indizien kann ein Lieferzeitpunkt "aufgrund des Vertrages bestimmt werden" ?*

Die Umstände, aus denen sich aus dem Kaufvertrag ein Liefertermin bestimmen lässt, sind zahlreich. Der Vertrag muss nicht ausdrücklich ein bestimmtes Datum enthalten, es genügt, wenn der Termin auf ein kalendermäßig unbestimmtes Ereignis festzulegen ist, wenn sich dessen Eintritt objektiv feststellen läßt, wie beispielsweise "mit dem ersten Dampfer" oder "am Tage des Abrufs" oder "5 Tage nach Zahlung".

179. *Unter welchen Voraussetzungen liegt das Recht zur Wahl des Lieferdatums beim Käufer ?*

Beispielsweise, wenn der Käufer bestimmte Schritte unternehmen muss, um die Waren zu erhalten, beispielsweise wenn die Lieferung nach Zahlung zu erfolgen hat und der Zeitpunkt der Zahlung in seinem Ermessen liegt.

180. *Welche der folgenden Beispiele fällt in den Anwendungsbereich des Art. 33 a CISG und welche in den des Art. 33 b CISG.:*
    1. Donnerstag nach Ostern;
    2. 10 Tage nach Herbstbeginn;
    3. Spätestens 8 Tage nach Eingang der Mustervorlagen.

Antworten zu
1. Art. 33 a CISG;
2. Art. 33 b CISG;
3. Art. 33 b CISG.

Art. 34 Übergabe von Dokumenten

181. *Auf welche Dokumente nimmt Art. 34 CISG Bezug , die sich auf die Ware beziehen und die der Verkäufer dem Käufer zu übergeben hat ?*

Die benannten Dokumente sind diejenigen, die der Käufer benötigt, um die Ware in Besitz zu nehmen und seine Rechte auszuüben und seinen öffentlichrechtlichen Pflichten nachzukommen.
Beispiele sind: Frachtbrief, Konnossement, Versicherungspolice, Lagerschein, Ursprungszeugnis, öffentlich-rechtliche Bescheinigungen, Rechnungen.

182. *Gibt es Geschäftsbereiche, in denen das Recht der zweiten Andienung des Art. 34 CSG nicht gilt ?*

Ja. Die Regelungen des Art. 34 in Satz 2 und Satz 3 CISG werden in manchen Geschäftszweigen, in denen es um Waren mit schwankenden Preisen und spekulativen Risiken geht, durch einen Handelsbrauch außer Kraft gesetzt, nach dem ein Verkäufer nicht zu einer zweiten Andienung der erforderlichen Dokumente berechtigt ist. Derartige Handelsbräuche sind unter den Voraussetzungen des Art. 9 CISG vorrangig.

183. *Sind im Zusammenhang mit Art.34 CISG auch Handelsbräuche von Bedeutung ?*

Ja. Beispielsweise die Regelungen in Handelsbräuchen, wie in den INCOTERMS , soweit diese Vertragsinhalt geworden sind.

Abschnitt II. Vertragsmäßigkeit der Ware sowie Rechte oder Ansprüche Dritter Art. 35 - 44

Art. 35 Vertragsmäßigkeit der Ware

184. *Unter welchen Voraussetzungen ist eine Ware vertragsgemäß ?*

Eine Ware ist vertragsgemäß, wenn sie hinsichtlich der Menge, der Qualität und Art, sowie hinsichtlich Verpackung oder Behältnis den Anforderungen des Vertrages entspricht (Art.35 Abs.1 CISG).

185. *Was ist unter dem "subjektiven Fehlerbegriff" zu verstehen ?*

Maßgebend für die Sacheigenschaft einer Ware ist nicht ein objektiver Qualitätsstandard, sondern maßgeblich ist die Vereinbarung der Vertragspartner.

186. *Welche Anforderungen werden an die Vertragsgemäßheit einer Ware gestellt, wenn die Vertragsparteien keine Regelung getroffen haben ?*

Die eingehende gesetzliche Regelung findet sich in Art. 35 Abs.2 CISG.

187. *Muss ein Verkäufer die verkaufte Ware auch verpacken?*

Ja, das ist im CISG ausdrücklich und eingehend geregelt. Die Ware ist nur dann vertragsgemäß, wenn sie in üblicher Weise verpackt ist. Gibt es keine übliche Verpackung, muss sie in einer für ihre Erhaltung und ihren Schutz wirksamen Weise verpackt sein (Art. 35 Abs.3 d CISG). Dabei sind die Art und die Dauer des Transports, die Empfindlichkeit der Ware und die klimatischen Verhältnisse zu berücksichtigen.

188. *Kann sich ein Käufer auf die fehlende Vertragsmäßigkeit der Ware berufen, wenn er die Mängel kennt?*

Nein, das kann er nicht. Wenn der Käufer zum Zeitpunkt des Vertragsschlusses Kenntnis vom Mangel hat, haftet der Verkäufer für diese Vertragswidrigkeit nicht (Art. 35 Abs.3 CISG).
Der positiven Kenntnis vom Mangel steht es gleich, wenn der Käufer über die Vertragswidrigkeit nicht in Unkenntnis sein konnte. Umstritten ist, ob das mit grober Fahrlässigkeit gleich zu setzen ist oder ob darüber hinaus eine besondere ins Auge springende Vertragswidrigkeit erforderlich ist.

189. *Was muss der Käufer beweisen, wenn er sich auf Art. 35 Abs.2 b CISG berufen will?*

Der Käufer muss lediglich nachweisen, dass die Waren für den besonderen Zweck nicht geeignet sind. Nicht nachzuweisen hat er die Existenz und die Natur des Fehlers und warum die Waren nicht geeignet sind.

Art. 36 Maßgeblicher Zeitpunkt für die Vertragsmäßigkeit

190. *Welches ist der maßgebliche Zeitpunkt für die Haftung des Verkäufers für versteckte Mängel?*

Der Verkäufer haftet für eine Vertragswidrigkeit der Ware zum Zeitpunkt des Gefahrübergangs, auch wenn die Vertragswidrigkeit der Ware erst nach diesem Zeitpunkt offenbar wird (Art. 36 Abs.1 CISG).

191. *Welches ist der Unterschied zwischen den Regelungen in Art. 36 Abs.1 und Art. 36 Abs.2 CISG?*

Im Fall des Art. 36 Abs.1 CISG besteht die Vertragswidrigkeit bereits zum Zeitpunkt des Gefahrübergangs.
In Fall des Art. 36 Abs.2 CISG kann zu diesem Zeitpunkt ein Mangel noch nicht er-

kannt werden.

Art. 37 Nacherfüllung bei vorzeitiger Lieferung

192. *Welche Rechte hat der Verkäufer zur Nacherfüllung ?*

Der Verkäufer kann bis zu dem im Vertrag vorgesehenen Lieferdatum jegliche Vertragswidrigkeiten ohne Beschränkungen – mit Ausnahme der in Art. 48 CISG vorgesehenen Einschränkungen - beheben, ohne dass der Käufer irgendwelche Einwendungen gem. der Art. 45 ff. CISG erheben kann (Art. 37 CISG).

193. *Gibt es im Anwendungsbereich des UN-Kaufrechts Garantien für nach dem Gefahrübergang auftretende Vertragswidrigkeiten ?*

Der Verkäufer muss für nach dem Gefahrübergang auftretende Vertragswidrigkeiten einstehen, wenn er die Garantie dafür übernommen hat, dass die Ware für eine bestimmte Zeit wie vertraglich vorgesehen nutzbar und geeignet bleibt (Art. 37 Abs.2 CISG).

194. *Bis zu welchem Zeitpunkt darf der Verkäufer die fehlende Vertragsmäßigkeit der Ware beheben ?*

Der Verkäufer hat dafür einzustehen, dass die Ware zum Zeitpunkt des Gefahrübergangs vertragsmäßig ist (Art. 36 CISG). Demgemäß hat er im Rahmen der Gewährleistung für die Vertragswidrigkeit einzustehen. Der Käufer muss dem Verkäufer die Mängel anzeigen (Art. 39 CISG) und kann die Nachbesserung nur gleichzeitig mit der Anzeige oder innerhalb einer angemessenen Frist nach der Anzeige verlangen (Art. 46 Abs.3 Satz 2 CISG).
Bei einer vorzeitigen Lieferung der Ware behält der Verkäufer bis zu dem für die Lieferung festgesetzten Zeitpunkt das Recht, fehlende Teile nachzuliefern, eine fehlende Menge auszugleichen, für nicht vertragsgemäße Ware Ersatz zu liefern oder die Vertragswidrigkeit der gelieferten Ware zu beheben, wenn die Ausübung dieses Rechts dem Käufer nicht unzumutbare Unannehmlichkeiten oder unverhältnismäßige Kosten verursacht (Art. 37 Satz 1 CISG).

195. *Welche Konsequenzen treffen einen Käufer, der dem Verkäufer die Behebung der Vertragswidrigkeit verweigert ?*

Wenn der Verkäufer dem Käufer die Behebung der vertragswidrigen Mängel verweigert kann dies seinen Grund in dem Vertragsbruch des Verkäufers haben.
Nach dem Sinn und Zwecke der Regelung in Art. 80 CISG kann sich eine Vertragspartei nicht auf die Nichterfüllung von Pflichten durch die andere Vertragspartei berufen, soweit diese Nichterfüllung durch ihre Handlung oder Unterlassung verur-

sacht wurde.

Dementsprechend verliert der Käufer sämtliche Rechte, mit Ausnahme seines Rechts auf Lieferung fehlender Waren.

Art. 38 Untersuchung der Ware

196. *Welche wichtige Obliegenheit obliegt dem Käufers nach Erhalt der Ware ?*

Der Käufer hat die Obliegenheit, die Ware innerhalb so kurzer Zeit zu untersuchen, wie es die Umstände erlauben (Art. 38 Abs.1 CISG). Es handelt sich nicht um eine reine Pflicht, da die Untersuchung im eigenen Interesse erfolgt.

197. *Welche Umstände betreffen den Untersuchungsumfang des Käufers ?*

Die Natur der Waren hinsichtlich ihrer Verderblichkeit oder Dauerhaftigkeit der mengenmäßige Umfang der Waren die Art der Verpackung; die Möglichkeit die Waren zu untersuchen, ohne sie zu beschädigen; Zeitaufwand und Kosten für die Untersuchung ; oder kulturelle Besonderheiten.

198. *Binnen welcher Frist hat die Untersuchung zu erfolgen ?*

Eine feste Frist ist vom Gesetz nicht vorgegeben. Der Käufer muss die Ware binnen so kurzer Zeit untersuchen, wie es die Umstände erlauben (Art. 38 Abs.1 CISG). Eine flexible und nicht eine feste Frist nach Tagen, Wochen oder Monaten, gewährleistet eine "angemessene" Fristbestimmung nach den Umständen des Einzelfalles und den angemessenen Möglichkeiten der Vertragsparteien. .

199. *Wann beginnt die Untersuchungsfrist bei Waren, die aufgrund des Kaufvertrages befördert werden müssen ?*

Erfordert der Vertrag die Beförderung der Ware, kann die Untersuchung bis nach dem Eintreffen der Ware am Bestimmungsort aufgeschoben werden (Art. 38 Abs.2 CISG).

200. *Wann beginnt die Untersuchungsfrist bei Waren, die durch den Käufer umgeleitet oder weiter versandt werden ?*

Wenn der Verkäufer die Umleitung oder Weiterversendung kennt oder kennen muss, beginnt die Untersuchungsfrist erst nach dem Eintreffen der Ware am neuen Bestimmungsort (Art.38 Abs. 3 CISG).

Die Verpackung der Ware soll nicht schon vor dem Eintreffen am endgültigen Bestimmungsort geöffnet werden müssen.

201. *Welches sind die Grundvoraussetzungen in Art. 38 Abs.2 und Abs.3 CISG?*

Nach Art. 38 Abs.2 CISG ist eine Beförderung der Ware Voraussetzung, nach Art. 38 Abs.3 CISG wird die Ware umgeleitet oder weiterversandt und der Verkäufer kannte bei Vertragsabschluss die Möglichkeit einer solchen Umleitung oder Weiterversendung oder musste sie kennen.

202. *Welches sind die praktischen Konsequenzen der Untersuchungspflicht für die Vertragsparteien im Unterschied zu gesetzlichen Regelungen, wo es diese Untersuchungspflicht nicht gibt?*

Die kraft Gesetzes erforderliche Untersuchung dient den Interessen beider Vertragsparteien.
Wenn eine gesetzliche Untersuchungspflicht besteht, dient das den Interessen des Verkäufers im Falle eines Vertragsbruchs durch ihn.
Wo eine derartige Untersuchungspflicht nicht besteht, sind die Käufer im Falle eines Vertragsbruchs durch den Verkäufer in einer besseren Position.

Art. 39 Mängelrüge

203. *Welche Frist muss der Käufer bedenken, wenn er eine Abweichung von der Vertragsmäßigkeit der Ware entdeckt hat?*

Vom Zeitpunkt der Entdeckung und darüber hinaus von der Möglichkeit der Entdeckung der Abweichung von der Vertragsmäßigkeit der Ware beginnt eine weitere "angemessene" Frist zu laufen, binnen derer der Käufer dem Verkäufer die Abweichung von der Vertragsmäßigkeit der Ware anzeigen und dabei die Art der Vertragswidrigkeit "genau" bezeichnen muss (Art. 39 Abs.1 CISG).

204. *Welche Gesichtspunkte gelten für die Bestimmung einer "angemessenen" Frist?*

Vorrangig ist eine vertragliche Regelung für diesen Fall. Im Übrigen ist die "angemessene" Frist flexibel.
Maßgebliche Umstände sind der Lieferort, die Art der Verpackung und die Art der Ware. Schnell verderbliche Ware erfordert rasches Handeln im Gegensatz zu dauerhaften Gütern.
Keine maßgeblichen Umstände sind rein subjektive Faktoren, wie etwa eine Krankheit des Käufers.
Eine einheitliche weltweite Pauschalfrist gibt es nicht.

205. *Welche Rechtsfolgen treffen den Käufer, wenn er die ordnungsgemäße Rüge unterlässt ?*

Der Käufer verliert bei einer Versäumung der Rüge binnen der Frist das Recht, sich auf eine Vertragswidrigkeit zu berufen (Art.39 CISG).

206. *Gibt es eine absolute Ausschlussfrist, nach deren Ablauf die Gewährleistungsansprüche des Käufers erlöschen ?*

Ja.
Nach Ablauf von zwei Jahren ab tatsächlicher Übergabe der Ware verliert der Käufer sämtliche Gewährleistungsansprüche (Art. 39 Abs.2 CISG) mit der Ausnahmeregelung in Art. 44 CISG.

207. *Reicht für eine Mängelrüge ein pauschaler Hinweis oder muss die Abweichung von der Vertragsmäßigkeit im Detail aufgelistet sein ?*

Nach Art. 39 Abs.1 CISG muss die Art der Vertragswidrigkeit "genau" bezeichnet werden.

208. *Wem gegenüber muss der Käufer die Rüge erheben ?*

Die Rüge hat gegenüber dem Verkäufer zu erfolgen. Die Rüge gegenüber Dritten, etwa gegenüber dem Hersteller, ist nicht ausreichend.

209. *Muss die Rüge dem Verkäufer "zugehen" oder reicht die bloße Absendung durch den Käufer ?*

Im UN-Kaufrecht reicht die Absendung wenn sie so abgegeben wird, dass sie unter normalen Umständen zugeht (Art. 27 CISG).
Das Risiko trägt der Verkäufer, der die Verlustgefahr trägt.
Diese Regelung ist für deutsche Juristen im Hinblick auf § 130 BGB und § 377 HGB ungewohnt.

Art. 40 Bösgläubigkeit des Verkäufers

210. *Gibt es Situationen, in denen sich der Verkäufer nicht auf eine verspätete Rüge berufen kann ?*

Ja.
Ein Verkäufer kann sich nicht auf eine verspätete Rüge durch den Käufer berufen, wenn die Vertragswidrigkeit auf Tatsachen beruht, die er kannte oder kennen musste und die er dem Käufer nicht mitgeteilt hat (Art. 40 CISG).

Art. 41 Rechtsmängel

211. *Welche Rechte oder Ansprüche Dritter können von Art. 41 CISG erfasst werden ?*

Rechte Dritter können dinglicher oder obligatorischer Natur sein. Praktisch bedeutsam sind vor allem Sicherungsrechte Dritter, etwa von Lagerhaltern oder Frachtführern.

212. *Spielt es für Art. 41 CISG eine Rolle, ob ein Dritter tatsächlich Rechte hat oder ob er diese Rechte lediglich behauptet ?*

Es kommt auf ein Bestehen eines Rechts nicht an, sondern die Ware ist auch frei von "Ansprüchen" Dritter zu liefern, deren sich ein Dritter berühmt. Inwieweit auch völlig unbegründete Ansprüche Dritter die Rechtsmängelhaftung nach Art. 41 Satz 1 CISG auslösen, ist im Detail umstritten. Jedenfalls weicht das CISG bewusst von vielen nationalen Regelungen ab - auch von der deutschen Regelung in § 434 BGB.
Dem Käufer in einem internationalen Kaufvertrag soll nicht zugemutet werden, sich mit Dritten in anderen Ländern auseinandersetzen zu müssen.

Art. 42 Belastung mit Schutzrechten Dritter

213. *Was versteht man unter Rechten und Ansprüchen Dritter in Art. 42 CISG, "die auf gewerblichem oder anderem geistigen Eigentum beruhen" ?*

Ansprüche, die auf gewerblichem oder anderem geistigen Eigentum beruhen sind sog. Immaterialgüterrechte.
Zum geistigen Eigentum gehören Urheberrechte, gewerbliche Schutzrechte wie Patent-, Marken-, Geschmacks- und Gebrauchsmusterrechte.
Hinzuzurechnen sind auch Persönlichkeitsrechte und Namensrechte.

214. *Aus welchem Grund werden in Art. 42 CISG werden die Rechte und Ansprüche Dritter, "die auf gewerblichem oder anderem geistigen Eigentum beruhen" einer gesonderten Regelung unterworfen.?*

In den verschiedenen nationalen Rechtsordnungen werden diese Rechte unterschiedlichen Regelungen unterworfen.
Im internationalen Kontext erscheint es im Hinblick auf die Territorialität der Schutzrechte nicht angemessen, dem Verkäufer die Pflicht aufzuerlegen, dem Käufer eine weltweite Schutzrechtsfreiheit zu garantieren.

215. *Inwieweit ist die Verantwortlichkeit des Verkäufers nach Art. 42 CISG eingeschränkt ?*

Eine der Einschränkungen der Verantwortlichkeiten des Verkäufers ist territorialer Natur. Der Verkäufer ist lediglich für die Freiheit von Rechten Dritter an geistigen Eigentum in dem Staat verantwortlich, in dem die Waren weiterverkauft oder in dem sie anderweitig genutzt werden und das auch nur dann, wenn die Parteien bei Vertragsschluss in Betracht gezogen haben, dass die Ware dort weiterverkauft oder verwendet wird (Art. 42 Abs.1 a CISG).
In jedem anderen Fall hat der Verkäufer für die Freiheit der Ware von derartigen Immaterialgüterrechten Dritter lediglich nach dem Recht des Staates einzustehen, in dem der Käufer seine Niederlassung hat (Art. 42 Abs.1 b CISG).

Art. 43 Rügepflicht

216. *Welcher Zweck wird mit der Regelung in Art. 43 Abs.1 CISG verfolgt ?*

Die Regelung dient der Klärung der Rechtsbeziehungen zwischen dem Verkäufer und dem Käufer, wenn die Waren nicht vertragsgemäß sind. Soweit Dritte Rechte geltend machen liegt es im Interesse des Verkäufers, von dieser Tatsache Kenntnis zu erlangen und in die Lage versetzt zu werden, .seinerseits gegen den Dritten ohne eine Verzögerung rechtliche Schritte einzuleiten.
Dies ist desgleichen auch für den Käufer von Vorteil und dient Treu und Glauben in einem fairen internationalen Geschäftsverkehr.

Art. 44 Entschuldigung für unterlassene Anzeige

217. *Der Käufer verliert bei einer Versäumung der Rüge binnen der Frist das Recht, sich auf eine Vertragswidrigkeit zu berufen (Art.39 CISG). Gibt es von dieser Regelung Ausnahmen ?*

Ja. Wenn der Käufer eine vernünftige Entschuldigung für die unterlassene ordnungsgemäße Mängelrüge hat werden ihm das Minderungsrecht und eine eingeschränkte Schadensersatzmöglichkeit (ohne die Möglichkeit der Geltendmachung des entgangenen Gewinns) belassen (Art.44 CISG).

218. *Kennen Sie Beispiele für vernünftige Entschuldigungsgründe wegen einer unterlassenen Mängelanzeige in der angemessenen Frist ?*

Beispielsfälle für diese Ausnahmeregelung sind selten.
Denn der Käufer erhält bereits eine "angemessene" also eine flexible Frist für die

Anzeige und Geltendmachung der Mängel. In diese flexible Frist können bereits besondere Entschuldigungsgründe des Falles einfließen.

219. *In welchem Verhältnis stehen die Regelungen in Art. 44 und in Art. 40 CISG zueinander ?*

Beide Vorschriften betreffen eine unterlassene Mängelanzeige während der angemessenen Frist.
Wenn die Fristverlängerung erfolgt, weil ein **"bösgläubiger"** Verkäufer gem. Art. 40 CISG es unterlassen hat, dem Käufer den Mangel mitzuteilen und deswegen keine fristgemäße Rüge erfolgte, behält der Käufer auch nach Fristablauf sämtliche Rechte wegen der Vertragswidrigkeit der Ware.
Wenn jedoch demgegenüber die Fristverlängerung erfolgt, weil ein **"gutgläubiger"** Käufer mit einem vernünftigen Entschuldigungsgrund nach Art. 44 CISG eine Fristverlängerung erhält, bleiben dem Käufer nicht alle Rechte erhalten. Er verliert das Recht, den entgangenen Gewinn geltend zu machen und

Der Käufer jedoch behält sein Minderungsrecht ebenso wie seinen Schadensersatzanspruch wegen   ....

Bei einem Vergleich der beiden Situationen steht der Käufer besser da, wenn der Verkäufer es unterlassen hat, ihn auf die Vertragswidrigkeit hinzuweisen und er deswegen nicht fristgemäß gerügt hat als wenn er die fristgemäße Rüge unterlassen hat, weil er dafür einen vernünftigen Entschuldigungsgrund hatte.

Abschnitt III. Rechtsbehelfe des Käufers wegen Vertragsverletzung des Verkäufers Art.45 – 52 CISG

Art. 45 Rechtsbehelfe des Käufers; keine zusätzliche Frist

220. *Welche Rechtsbehelfe hat der Käufer, wenn der Verkäufer eine Vertragsverletzung begangen hat ?*

Der Käufer kann im Falle einer Vertragsverletzung durch den Verkäufer folgende Rechtsbehelfe geltend machen:
1. Erfüllung,
2. Vertragsaufhebung (=Rücktritt),
3. Minderung,
4. Schadenersatz

221. *Welches sind die Voraussetzungen für einen Schadenersatzanspruch des Käufers ?*

Voraussetzung für einen Schadenersatzanspruch des Käufers ist eine Pflichtverletzung durch den Verkäufer (Art. 45 Abs.1 b CISG).

222. *Ist für einen Schadenersatzanspruch des Käufer ein Verschulden des Verkäufers Voraussetzung, wie das in § 437 BGB der Fall ist ?*

Nein, ein Verschulden des Verkäufers ist nicht erforderlich. Das UN-Kaufrecht gewährt Schadenersatz auch dann, wenn der Verkäufer den Eintritt des Schadensfalles nicht zu vertreten hat.

223. *Welches allgemeine Prinzip des CISG ist in Art. 45 Abs.2 CISG niedergelegt ?*

Das UN-Kaufrecht kennt keine Alternativität zwischen verschiedenen Rechtsbehelfen, wie Schadenersatz oder Aufhebung des Vertrags, sondern sieht ausdrücklich die Möglichkeit der Kumulierung vor.

224. *Wo ist geregelt, in welchem Umfang und nach welcher Berechnungsgrundlage Schadenersatz zu leisten ist ?*

Gegenstand, Umfang und Berechnungsgrundlage des Schadenersatzanspruchs sind in den allgemeinen Regelungen der Art. 74 bis 77 CISG niedergelegt, die gleichfalls für Schadenersatzansprüche des Verkäufers gelten.

Art. 46 Recht des Käufers auf Erfüllung oder Nacherfüllung

225. *Welcher ist der primäre Rechtsbehelf des Käufers ?*

Der primäre Rechtsbehelf des Käufers ist sein Anspruch auf Erfüllung. Einmal eingegangene Verpflichtungen sollen, wie auch im deutschen Bürgerlichen Gesetzbuch, erfüllt werden.

226. *Ist der Anspruch auf Erfüllung in Natur vor allen Gerichten international durchsetzbar ?*

Nein, das ist er nicht.
Nach Art. 28 CISG braucht ein Gericht eine Entscheidung auf Erfüllung in Natur nur zu fällen, "wenn es dies auch nach seinem eigenen Recht bei gleichartigen Kaufverträgen täte", die nicht unter das CISG fallen.

227. *Sind die Rechtsbehelfe des Käufers zwingendes Recht ?*

Nein.
Sämtliche Rechtsbehelfe des Käufers gehören zum dispositiven Recht und können durch Vertrag abbedungen werden (Art.6 CISG).

228. *Welche Rechtsbehelfe sind mit dem Verlangen auf Erfüllung im Sinne des Art. 46 Abs.1 CISG unvereinbar ?*

Die Vertragsaufhebung ist bereits rechtswirksam erklärt (Art. 81 Abs.1 Satz 1 CISG); die einvernehmliche Reduzierung (Minderung) des Kaufpreises wegen Minderwerts der Ware; die einvernehmliche Vereinbarung eines Schadenersatzes.

229. *Unter welchen Voraussetzungen kann der Käufer nach Art. 46 Abs.2 CISG Ersatzlieferung verlangen ?*

Für ein Recht auf Ersatzlieferung ist erforderlich, dass eine "wesentliche" Vertragsverletzung vorliegt und dass der Käufer die Ersatzlieferung entweder zusammen mit einer Anzeige nach Art. 39 CISG oder innerhalb einer angemessenen Frist danach verlangt.

230. *Was ist unter einer "angemessenen Frist" im Sinne des Art. 46 Abs.2 CISG zu verstehen ?*

Bei der Bestimmung der angemessenen Frist sind die Natur der Waren und die Art der Vertragsverletzung , die Marktbedingungen und die einzelnen Umstände in den Beziehungen der Vertragsparteien zu berücksichtigen.

231. *Aus welchem Grund erhält der Käufer nach Art. 46 Abs.2 nicht grundsätzlich das Recht zu einer Ersatzlieferung, sondern nur im Falle einer "wesentlichen" Vertragsverletzung ?*

Der Käufer hat die Ware bereits im Besitz. Eine Ersatzlieferung würde die Rücksendung erfordern und das würde weitere Kosten herbeiführen. Im Falle eines Gattungskaufs bleibt der Erfüllungsanspruch ohnehin bestehen.
Der Käufer hat bei einem nicht wesentlichen Mangel einen Anspruch auf Nachbesserung (Art. 46 Abs.3 CISG); auf Minderung (Art. 50 CISG) oder auf Schadenersatz durch Ausgleich des Minderwerts (Art. 45 Abs.1 b CISG).

232. *Ist der Verkäufer von seinen Pflichten befreit, wenn der Käufer selbst in der Lage ist, die fehlerhafte Ware zu reparieren ?*

Nein. Der Verkäufer hat auf jeden Fall die Reparaturkosten zu tregen.

Art. 47 Nachfrist

233. *Nach Art. 47 CISG kann der Käufer dem Verkäufer eine angemessene Nachfrist zur Erfüllung seiner Pfllichten setzen. Ist der Käufer dazu verpflichtet?*

Nein, der Käufer ist nicht verpflichtet, dem Verkäufer eine Nachfrist zu setzen. noch besteht für ihn eine Obliegenheit dazu.

234. *Kann der Käufer Rechtsbehelfe wegen Vertragswidrigkeiten geltend machen, ohne eine Nachfrist gesetzt zu haben?*

Ja, der Käufer kann Rechtsbehelfe geltend machen, bevor er dem Verkäufer eine Nachfrist zur Erfüllung seiner Pflichten gesetzt hat.

235. *Welche Rechtsfolgen hat es dann, wenn der Käufer dem Verkäufer keine Nachfrist zur Erfüllung seiner Pflichten gesetzt hat?*

Die Setzung einer Nachfrist eröffnet dem Käufer die Möglichkeit der Vertragsaufhebung (Art. 49 Abs.1 b CISG) im Falle des erfolglosen Verstreichens der Nachfrist. Die Möglichkeit der Vertragsaufhebung wäre für den Käufer ansonsten nur dann gegeben, wenn geklärt wäre, dass es sich bei dem Ausbleiben der Ware um "wesentliche" Vertragsverletzung des Verkäufers handelt (Art.   ). Der Käufer wird durch das Setzen der Nachfrist von der Klärung dieser Frage enthoben, wenn diese Nachfrist ergebnislos verstreicht.

Art. 48 Recht des Verkäufers zur Nacherfüllung

236. *Darf der Verkäufer nacherfüllen, wenn er nicht vertragsgemäß geleistet hat?*

Ja, nach Art. 48 Abs.1 Satz 1 CISG.
Der Verkäufer kann einen Mangel in der Erfüllung seiner Pflichten auch nach dem Liefertermin auf eigene Kosten beheben, wenn dies keine unzumutbare Verzögerung nach sich zieht und dem Käufer weder unzumutbare Unannehmlichkeiten noch Ungewissheit über die Erstattung seiner Auslagen durch den Verkäufer verursacht. Vorbehalten bleiben dem Käufer seine Rechte zur Vertragsaufhebung nach Art. 49 CISG

237. *Das UN-Kaufrecht kennt wie das deutsche BGB zwei Arten der Nacherfüllung. Welche sind das?*

Wie in § 439 BGB bedeutet Nacherfüllung entweder eine Ersatzlieferung (Art. 46 Abs.2 CISG) oder die Nachbesserung, also einer Mängelbeseitigung durch Reparatur (Art. 46 Abs.3 CISG).

238. *Kann der Käufer bei jeder Vertragsverletzung frei zwischen Ersatz-*
lieferung und Nachbesserung wählen?

Nein, das kann er nicht.
Die Möglichkeit zur Wahl einer Ersatzlieferung besteht nur bei einer "wesentlichen"
Vertragsverletzung gem. Art. 25 CISG.
Eine Nachbesserung kann der Käufer bei jeglichen Vertragsverletzungen verlangen,
ohne dass diese "wesentlich" sein müssten.

239. *Welche Kriterien sind für die Beantwortung der Frage maßgeblich, ob*
es sich um eine "unzumutbare Verzögerung" und um "unzumutbare
Unannehmlichkeiten" handelt?

Maßgeblich sind die Umstände des einzelnen Falles. In die Abwägung einbezogen
werden können Preisbewegungen der Ware auf dem Markt, vorangegangene Versu-
che oder Produktionsunterbrechungen beim Käufer.

Art. 49 Vertragsaufhebung

240. *Welchem Rechtsinstitut im BGB entspricht die Vertragsaufhebung?*

Dem Rücktritt (§ 346 BGB).

241. *Welches sind die Voraussetzungen, dass der Käufer die Vertragsaufhe-*
bung verlangen kann?

Der Käufer kann die Vertragsaufhebung erklären, wenn entweder
- der Verkäufer eine "wesentliche" Vertragsverletzung begangen hat (Art.49
  Abs.1 a CISG)
  oder
- im Falle der Nichtlieferung, wenn der Verkäufer auch binnen einer vom
  Käufer gesetzten Frist nicht liefert oder erklärt, er werde nicht liefern (Art.
  49 Abs.1 b CISG).

242. *Unter welchen Voraussetzungen ist eine zu späte Lieferung eine*
"wesentliche" Vertragsverletzung?

Grundsätzlich ist eine zu späte Lieferung keine "wesentliche" Vertragsverletzung.
Die einfache Überschreitung des Liefertermins kann nur in besonders schwerwiegenden Ausnahmefällen als wesentliche Vertragsverletzung angesehen werden, die
die Möglichkeit einer Vertragsaufhebung rechtfertigen kann.

Erforderlich ist vielmehr, dass die exakte Einhaltung des Liefertermins für den Käufer nach den vertraglichen Vereinbarungen von besonderem Interesse ist, sodass die zu späte Lieferung sinnvollerweise gar nicht mehr erfolgt und dass dem Verkäufer dies bei Vertragsabschluss erkennbar war.

Derartige Bedingungen liegen beispielsweise bei **Fixgeschäften** oder auch bei Geschäften mit Saisonartikeln nahe.

243. *Welches ist der Grund für die Regelung in Art. 49 Abs.2 CISG, nach der der Käufer für die Aufhebung des Vertrages zuvor eine "angemessene Nachfrist" setzen muss ?*

Diese Regelung dient der möglichst raschen Klärung der Rechtslage zwischen dem Käufer und dem Verkäufer im Hinblick auf eine Aufhebung des Vertrages.

244. *Kann der Käufer auch eine Vertragsaufhebung verlangen, wenn der Verkäufer seine Pflichten nur teilweise nicht erfüllt hat ?*

Auch eine nur teilweise Nichterfüllung der Vertragspflichten durch den Verkäufer kann dem Käufer das Recht zur Vertragsaufhebung gewähren, wenn die unvollständige oder nicht vertragsgemäße Lieferung eine "wesentliche" Vertragsverletzung darstellt (Art. 51 Abs.2 CISG).

245. *Wann beginnt die Frist zur Erklärung zu laufen ?*

Diese Fragestellung ist in Art. 49 Abs.2 CISG detailliert geregelt.

246. *Gibt es eine allgemein anerkannte feste Frist für die Erklärung ?*
Nein, eine derartige Frist gibt es nicht. Es entscheiden vielmehr die Umstände des Einzelfalles..

247. *Kann ein Käufer sein einmal erworbenes Recht auf Vertragsaufhebung wieder verlieren ?*

Ja, wenn er die Vertragsaufhebung nicht innerhalb einer angemessenen Frist erklärt (Art. 49 Abs.2 CISG).

Art. 50 Minderung

248. *Unter welchen Voraussetzungen kann der Käufer Minderung des Kaufpreises verlangen ?*

Der Käufer kann eine Minderung des Kaufpreises verlangen, wenn die Ware nicht vertragsgemäß ist (Art.50 Satz 1 CISG).

Erfasst werden Sachmängel, Qualitätsmängel und Falschlieferung.

249. *Wie hat die Minderung zu erfolgen ?*

Die Minderung erfolgt durch eine einseitige Gestaltungserklärung. Die Minderungs-erklärung ist nur absende, jedoch nicht zugangsbedürftig (Art.27 CISG).

250. *In welcher Höhe kann der Käufer den Kaufpreis mindern ?*

Der Käufer kann den Kaufpreis in dem gleichen Verhältnis herabsetzen, in dem der Wert der mangelhaften Sache zu dem Wert der mangelfreien Sache steht (Art.50 Satz 1 CISG).

251. *Welchen Einfluss hat eine "wesentliche" Vertragsverletzung auf eine Reduzierbarkeit des Kaufpreises?*

Eine "wesentliche" Vertragsverletzung bewirkt in vielen Fällen, dass die Ware für den Käufer wertlos wird. Das bedeutet jedoch nicht, dass der Wert der Waren kom-plett gegen Null sinkt, so wenn sie beispielsweise noch einen Schrottpreis erzielen.

252. *Kann der Käufer das Minderungsrecht wieder verlieren ?*

Ja, der Käufer kann sich nicht mehr auf ein Minderungsrecht berufen, wenn er die Behebung des Mangels durch den Verkäufer gem. den Art. 37 oder 48 CISG ver-weigert oder wenn der Verkäufer den Mangel behoben hat.

Art. 51 Teilweise Nichterfüllung

253. *Kann der Käufer bei einer unvollständigen Lieferung die Aufhebung des gesamten Vertrages verlangen ?*

Der Käufer kann eine Aufhebung des gesamten Vertrages nur dann verlangen, wenn die unvollständige oder nicht vertragsgemäße Lieferung eine "weesentliche" Ver-letzung des Vertrages **im ganzen** darstellt (Art. 51 Abs.2 CISG).
Das wird in der Praxis bei der Lieferung von gleichartigen Teilen weniger der Fall sein, wie beispielsweise bei der Lieferung von 100 Containern mit Bananen. Denk-bar sind eher Fälle mit ungleichartigen Teilen, die aufeinander abgestimmt sind, wie beispielsweise eine Datenverarbeitungsanlage mit passender Software.

254. *Ist der Käufer verpflichtet, die Teilmenge zu rügen ?*

Aus Art. 35 Abs.1 CISG ergibt sich, dass die unvollständige Lieferung von Ware "nicht vertragsgemäß" ist. Demgemäß ist der Käufer nach Art. 39 CISG grundsätzlich verpflichtet, die Fehlmenge zu rügen, wenn er aus der Tatsache der Minderlieferung Rechtsbehelfe geltend machen will.

255. *Welche Rechte hat der Käufer bei einer Teillieferung?*

- Der Käufer kann die **Nachlieferung** des fehlenden Teils verlangen (Art. 46 Abs.1 CISG);
- der Käufer kann für die Nacherfüllung eine **Nachfrist** setzen (Art. 47 CISG);
- der Käufer kann bei erfolglosem Ablauf der Nachfrist die **Vertragsaufhebung hinsichtlich des fehlenden Teils** erklären (Art. 49 Abs.1 b in Verb. mit Art. 51 Abs.1 CISG).

Art. 52 Vorzeitige Lieferung und Zuviellieferung

256. *Ist der Käufer von der Geltendmachung von Rechtsbehelfen ausgeschlossen, wenn er eine vorzeitige Lieferung akzeptiert?*

Nein, das ist er nicht. Der Käufer kann beispielsweise erhöhte Lagerhaltungskosten als Schadenersatz geltend machen.

257. *Unter welchen Voraussetzungen hat der Käufer dennoch eine Pflicht, die Ware in Besitz zu nehmen, auch wenn er das Recht nach Art. 52 Abs.1 CISG hat, die Abnahme zu verweigern?*

Nach Art. 86 Abs.2 CISG ist der Käufer verpflichtet, die ihm am Bestimmungsort zugestellt Ware in Besitz zu nehmen, auch wenn er das Recht hat sie zurückzuweisen, sofern dies ohne Zahlung des Kaufpreises und ohne unzumutbare Unannehmlichkeiten oder unverhältnismäßige Kosten möglich ist.

258. *Wie ist die Rechtslage, wenn der Käufer eine Zuviellieferung nicht zurückweist?*

Dann muss der Käufer den höheren Kaufpreis zahlen, da angenommen wird, dass er die Zuviellieferung akzeptiert hat.

259. *Wie ist die Rechtslage, wenn der Käufer die Zuviellieferung zurückweist?*

Der Käufer ist nicht verpflichtet, den erhöhten Kaufpreis zu zahlen. Er ist jedoch unter den Voraussetzungen des Art. 86 Abs.2 CISG verpflichtet, die Ware in Besitz zu nehmen.

Kapitel III. Pflichten des Käufers

Art. 53 Zahlung des Kaufpreises; Abnahme der Ware

260. *Welches sind die charakteristischen Pflichten des Käufers in einem internationalen Kaufvertrag nach dem UN-Kaufrecht ?*

Der Käufer ist verpflichtet, den Kaufpreis zu zahlen und die Ware abzunehmen (Art. 53 und Art. 62 CISG).
Im übrigen unterscheidet das UN-Kaufrecht jedoch nicht zwischen Haupt- und Nebenpflichten, wie es im deutschen BGB üblich ist. Alle Pflichten unterliegen dem gleichen Regelungsmechanismus.

261. *Gibt die Regelung in Art.53 CISG den Vertragsparteien die Freiheit, spezielle Rechte und Pflichten zu vereinbaren, die in der Vorschrift nicht genannt sind ?*

Ja. Parteivereinbarungen haben Vorrang.

262. *Unterliegen die Pflichten des Käufers zur Zahlung des Kaufpreises und Abnahme der Ware durch die ausdrückliche Benennung in Art. 53 CISG anderen Regeln, als seine übrigen Vertragspflichten ?*

Nein. Da die genannten Pflichten zu den charakteristischen Pflichten des Käufers gehören, dient die Vorschrift der Klarstellung im Kontext mit den Rechtsbehelfen im Hinblick auf Art. 61 CISG.
Das CISG unterscheidet nicht, wie das deutsche Recht, zwischen Haupt- und Nebenpflichten.

263. *In welcher Währung muss der Käufer den Kaufpreis zahlen ?*

Die maßgebliche Währung richtet sich nach den Regelungen im Kaufvertrag (Art. 6 CISG). Soweit in dem Kaufvertrag keine Reglungen enthalten sind und auch kein Handelsbrauch (Art. 9 Abs.1 CISG) vorhanden ist, ist die Frage umstritten und schwierig..
Teilweise wird in der Literatur darauf abgestellt, welche Währung an der Niederlassung des Verkäufers gilt. Zur Begründung wird darauf verwiesen, dass die maßgebliche Niederlassung des Verkäufers Zahlungsort (Art. 57 Abs.1 a CISG) und Lieferort (Art. 31 a, c CISG) ist, und dass insofern dem Sitz des Verkäufers eine Vorrangstellung zukommt.
Nach anderer Meinung wird die Fragestellung nicht vom CISG erfasst und ist insofern gem. Art. 7 Abs.2 CISG von dem Recht zu entscheiden, das nach den Regeln

des internationalen Privatrechts anzuwenden ist, wenn es keine allgemeinen Grundsätze gibt, die dem CISG zugrunde liegen.

264. *Gibt es allgemeine Grundsätze zur Frage einer zuständigen Währung für die Zahlungsverpflichtung des Käufers, die dem CISG "zugrunde liegen"?*

Ein Indiz für einen allgemeinen Grundsatz des CISG könnte die Regelung in den Art. 30 - 33 CISG liefern, nach denen Erfüllungsmodalitäten nach denen in der Regel das Recht des Staates des Erfüllungsortes zu berücksichtigen ist.
Diese Auffassung ist jedoch nicht allgemein anerkannt.

Art. 54 Kaufpreiszahlung

265. *Welches ist Sinn und Zweck der Regelung in Art. 54 CISG?*

Sinn und Zweck der Regelung ist die Klarstellung, dass es mangels vertraglicher Vereinbarungen in den Pflichtenkreis des Schuldners fällt, alle notwendigen Zahlungsformalitäten zu erledigen.
Die Kosten fallen dem Schuldner zur Last.

266. *Welche praktische Bedeutung hat Art. 54 CISG?*

Die praktische Bedeutung des Art. 54 CISG liegt darin, dass die benannten Vorbereitungsmaßnahmen **Teil der Kaufpreiszahlungspflicht** sind, so dass ihre Nichtvornahme die Rechtsbehelfe wegen Verletzung der Zahlungspflicht auslöst.

267. *Welche Recht hat der Verkäufer beispielsweise, wenn der Kaufvertrag die Eröffnung eines Akkreditivs oder die Beibringung einer Banksicherheit erforderlich macht und der Käufer kommt dieser Verpflichtung nicht nach?*

Der Verkäufer kann die Erfüllung verlangen, Schadenersatz fordern oder die Aufhebung des Vertrages erklären, wenn es sich um eine "wesentliche" Vertragsverletzung des Käufers handelt.

Art. 55 Bestimmung des Preises

268. *Unter welchen Voraussetzungen greift die Regelung des Art. 55 CISG ein?*

Art. 55 CISG greift ein, wenn in dem Kaufvertrag kein Kaufpreis vereinbart wurde und sich auch nicht aus sonstigen Umständen des einzelnen Falles entnehmen lässt.

269. *Welchen Kaufpreis muss der Käufer zahlen, wenn in dem Kaufvertrag kein Kaufpreis festgelegt ist ?*

Wenn in einem Kaufvertrag kein Kaufpreis festgelegt ist, muss zunächst geprüft werden, ob der Vertrag bestimmt genug und wirksam ist.
Ein Vorschlag zum Vertragsabschluss ist bestimmt genug, wenn er ausdrücklich oder stillschweigend den Preis festsetzt oder dessen Festsetzung ermöglicht (14 Abs.1 Satz 2 CISG).
Nach Art.55 CISG wird im Zweifelsfalle vermutet, dass die Parteien sich stillschweigend auf den Kaufpreis bezogen haben, der bei Vertragsabschluss allge- mein für derartige Ware berechnet wurde, die in dem betreffenden Geschäfts- zweig unter vergleichbaren Umständen verkauft wurde.

270. *Gerichte entscheiden gelegentlich bei fehlenden Preisvereinbarungen im Hinblick auf den Gesichtspunkt der "Rettung" des Vertrages. Unter welchen Umständen besteht eine absolute Grenze für eine derartige Auslegungspraxis ungeachtet der Regelungen in Art. 55 CISG ?*

Eine absolute Grenze bildet das Fehlen der weiteren in Art. 14 CISG benannten wesentlichen Vertragselemente.

Art. 56 Kaufpreis nach Gewicht

271. *Welchen Zweck verfolgt Art. 56 CISG ?*

Art. 56 CISG sorgt für eine Interpretationsregel, dass der Preis in derartigen Fällen ausschließlich nach Gewicht bestimmt wird, ohne anderweitige Berechnungsgrundlagen..

272. *Handelt es sich bei Art. 56 CISG um eine subsidiäre Bestimmung ?*

Ja. Den Vertragsparteien steht es frei, selbst zu bestimmen, auf welcher Grundlage ein Preis ermittelt werden soll. Sie können sich beispielsweise auf Handelsbräuche berufen.

Art. 57 Zahlungsort

273. *Nach welchen Grundsätzen bestimmt das CISG den Zahlungsort ?*

Das CISG unterscheidet zwei Alternativen, die davon abhängen, ob die Parteien ihre

Verpflichtungen gemeinsam oder getrennt zu erfüllen haben.

274. *An welchem Ort muss der Käufer den Kaufpreis zahlen?*

Soweit nichts anderes bestimmt ist, hat der Käufer den Kaufpreis grundsätzlich am Ort der Niederlassung des Verkäufers zu bezahlen (Art. 57 Abs.1 a CISG). Es handelt sich um eine Bringschuld, bei der der Käufer die Kosten und das Risiko der Übermittlung zu tragen hat.
Soweit jedoch die Zahlung Zug um Zug gegen die Übergabe der Ware oder der Dokumente zu leisten ist, hat die Zahlung an dem Ort zu erfolgen, an dem die Übergabe stattfindet (Art. 57 Abs.1 b CISG).

275. *In welchem Verhältnis stehen Art.57 Abs.1 a und Art 57 Abs.1 b CISG zueinander?*

Art. 57 Abs.1 b CISG ist die allgemeine Regelung, die gilt, wenn die Vertragsparteien ihre Verpflichtungen gemeinsam erfüllen müssen.
Art. 57 Abs.1 a CISG ist eine Sonderregelung für den Fall, dass eine Vertragspartei zur Vorleistung verpflichtet ist.

276. *Welche der beiden Regelungen hat eine größere praktische Bedeutung?*

Eine größere praktische Bedeutung hat die Regelung in Art.57 Abs.1 b CISG.

277. *Welche Dokumente werden in Art. 57 Abs.1 b CISG angesprochen?*

Es sind die Dokumente, die zur Identifizierung und Inbesitznahme der Waren erforderlich sind, wie beispielsweise die Zoll-Dokumente und alle Dokumente, die im Kaufvertrag genannt oder nach öffentlich-rechtlichen Vorschriften erforderlich sind.

278. *Wo ist der Kaufpreis zu bezahlen, wenn der Verkäufer seinen Sitz nach Vertragsabschluss ändert?*

Die Zahlung hat an dem neuen Sitz des Verkäufers zu erfolgen, wobei der Verkäufer die Mehrkosten zu tragen hat.

Art. 58 Zahlungszeit; Zahlung als Bedingung der Übergabe; Untersuchung vor Zahlung

279. *Zu welchem Zeitpunkt ist der Kaufpreis fällig?*

Der Zeitpunkt der Fälligkeit der Zahlung richtet sich nach der vertraglichen Vereinbarung.

Ohne eine vertragliche Vereinbarung richtet sich der Zeitpunkt der Erfüllung der Zahlungsverpflichtung nach dem Zeitpunkt, zu dem der Verkäufer die Ware oder die Dokumente zur Verfügung stellt (Art 58 Abs.1 Satz 1 CISG). Der Verkäufer kann die Übergabe der Ware von der Zahlung abhängig machen (Art. 58 Abs.1 Satz 2 CISG).

280. *Welchen allgemeinen Grundsatz legt Art. 58 CISG nieder?*

Grundsätzlich haben die Leistungen Zug um Zug zu erfolgen: Lieferung der Ware gegen Zahlung des Kaufpreises.

281. *Wie ist die Rechtslage bei Fernkäufen?*

Dieselbe Rechtslage gilt auch bei Fernkäufen. Zwar erfüllt der Verkäufer bei Verträgen, die eine Beförderung vorsehen, seine Verpflichtung bereits mit der Übergabe an den ersten Beförderer (Art. 31 a CISG), die Fälligkeit der Zahlung tritt aber erst mit der Andienung der Ware am Ort des Käufers ein (Art.58 CISG).

282. *Welche Sicherheit hat der Käufer, dass die angediente Ware auch vertragsgemäß ist, bevor er zahlt?*

Der Käufer ist nicht zur Zahlung verpflichtet, bevor er nicht die Gelegenheit hat, die Ware zu untersuchen (Art. 38 Abs.3 CISG).

283. *Wann hat die Zahlung des Kaufpreises zu erfolgen, wenn die Waren am Sitz des Verkäufers zu übergeben sind?*

Mit der Übergabe der Waren an den Käufer.

284. *Wann hat die Zahlung des Kaufpreises zu erfolgen, wenn die Lieferung der Ware an die Niederlassung des Käufers zu erfolgen hat?*

Sofort.

Art. 59 Zahlung ohne Aufforderung

285. *Ist es zur Herbeiführung der Fälligkeit erforderlich, dass der Verkäufer den Käufer zur Zahlung auffordert?*

Nein, die Fälligkeit des Kaufpreisanspruchs bedarf keiner Zahlungsaufforderung durch den Verkäufer (Art. 59 CISG). Das gilt auch für etwaige Schadenersatzansprüche und Zinsansprüche (Art. 78 CISG).

286. *Welches Prinzip ist in Art. 59 CISG geregelt ?*

Es ist das Prinzip, dass die Zahlung des Kaufpreises ohne Aufforderung durch den Verkäufer zu erfolgen hat.

Abschnitt II. **Abnahme**

Art. 60 Begriff der Abnahme

287. *Was ist unter der "Abnahme" zu verstehen ?*

Die Pflicht des Käufers zur Abnahme der gekauften Ware besteht darin,
- alle Handlungen vorzunehmen, die vernünftigerweise von ihm erwartet werden können, damit dem Verkäufer die Lieferung ermöglicht wird
  und
- die Ware zu übernehmen (Art 60 CISG).

288. *Gibt es eine Grenze für die Verpflichtungen des Käufers hinsichtlich seiner Obliegenheiten zur Abnahme der Ware ?*

Ja, der Käufer muss dem Verkäufer die Lieferung der Ware ermöglichen, er kann jedoch nicht für das Verhalten von Dritten verantwortlich gemacht werden.

289. *Gibt es eine Grenze für die Verpflichtung des Käufers, die Ware zu übernehmen ?*

Der Käufer ist zwar verpflichtet, alles Erforderliche zu unternehmen, um die gekaufte Ware zu übernehmen, die Grenze dieser Verpflichtung ist jedoch die Nichteinhaltung von Verpflichtungen durch den Verkäufer, die eine "wesentliche" Vertragsverletzung darstellen oder wenn die Waren vor dem vereinbarten Liefertermin eintreffen oder in einer größeren Menge, als die vereinbarte.

290. *Aus welchen Bestimmungen ergeben sich Einschränkungen für die Verpflichtung des Käufers zur Übernahme der gekauften Ware ?*

Aus den Art. 49 Abs.1 a und 52 CISG.

291. *Welche Rechtsfolgen ergeben sich für den Verkäufer, wenn der Käufer seine Verpflichtungen und Obliegenheiten gem. Art.60 CISG nicht erfüllt ?*

Der Verkäufer kann Erfüllung und Schadenersatz und/oder Vertragsaufhebung verlangen.

292. *Wer trägt das jeweilige Risiko, wenn der Käufer die Übernahme der Ware verweigert ?*

Der Verkäufer trägt das Risiko, wenn der Käufer die Übernahme der Ware zu Recht verweigert.
Der Käufer trägt das Risiko, wenn er kein Recht hat, die Übernahme der Ware zu verweigern.

Abschnitt III. **Rechtsbehelfe des Verkäufers wegen Vertragsverletzungen durch den Käufer**

Art. 61 Rechtsbehelfe des Verkäufers; keine zusätzliche Frist

293. *Welche Rechtsbehelfe hat der Verkäufer bei einer Vertragsverletzung durch den Käufer ?*

Der Verkäufer hat bei einer Vertragsverletzung durch den Käufer folgende Rechtsbehelfe:
- Erfüllung;
- Vertragsaufhebung (= Rücktritt)   *und / oder*
- Schadenersatz.

294. *Unter welchen Voraussetzungen kann der Verkäufer vom Käufer Schadenersatz verlangen ?*

Voraussetzung eines Schadenersatzanspruchs des Verkäufers ist eine Pflichtverletzung des Käufers (Art. 64 Abs.1 b CISG). Auf die Art und Weise der Pflichtverletzung kommt es nicht an.

295. *Ist für einen Schadenersatzanspruch des Verkäufers ein Verschulden des Käufers erforderlich ?*

Nein, ein Verschulden des Käufers ist im Unterschied zur Regelung in § 280 BGB nicht erforderlich.

296. *Welches sind die Wirkungen von Art. 61 CISG ?*

Art. 61 CISG legt die Rechtsbehelfe dar, die dem Verkäufer zustehen, wenn der Käufer seine Pflichten nicht erfüllt. Der Verkäufer kann neben einem Schadenersatzanspruch auch seine anderen Rechtsbehelfe geltend machen und ein Gericht darf dem Käufer bei der Geltendmachung mehrerer Rechtsbehelfe wegen einer Vertragsverletzung keine zusätzliche Frist einräumen.

Art. 62 Zahlung des Kaufpreises; Abnahme der Ware

297. *Welche Rechte des Käufers betrifft die Regelung in Art. 62 CISG ?*

Das Recht des Verkäufers vom Käufer die Erfüllung seiner vertraglichen Pflichten zu verlangen.

298. *Wie werden diese Rechte allgemein genannt ?*

Erfüllungsansprüche (Anspruch auf Durchführung des Vertrages in der vereinbarten Weise = "specific performance").

299. *Ist das nicht eine selbstverständliche Rechtslage ?*

Nein, unter internationalen Gesichtspunkten nicht. Einige Rechtsordnungen, namentlich im anglo-amerikanischen Rechtskreis, beurteilen das Verhältnis von Erfüllungsansprüchen und Schadenersatzansprüchen anders als das kontinental-europäische Recht. Als primärer Rechtsbehelf wird der Schadenersatzanspruch angesehen, der Erfüllungsanspruch wird nur ausnahmsweise als Alternative zugelassen.

300. *Welche primären Gewährleistungsrechte hat der Verkäufer, wenn der Käufer seine Vertragspflichten nicht erfüllt ?*

Es gilt grundsätzlich die primäre Pflicht zur Vertragserfüllung. Dementsprechend kann der Verkäufer die Zahlung des Kaufpreises und die Abnahme der Ware verlangen (Art. 62 CISG).

301. *Warum ist es fraglich, ob Art. 28 CISG auf das Recht des Verkäufers, vom Käufer Erfüllung seiner Pflichten zu verlangen, uneingeschränkt anwendbar ist ?*

Weil es einem Gericht unter den Voraussetzungen des Art. 28 CISG anheim gestellt ist, ob einer Klage auf Erfüllung in Natur statt gegeben wird oder nicht. Und weil man im anglo-amerikanischen Rechtskreis nicht die Klage auf Kaufpreiszahlung als Klage auf Erfüllung in Natur versteht.

Art. 63 Nachfrist

302. *Der Verkäufer kann dem Käufer nach Art. 63 CISG eine angemessene*

Nachfrist zur Erfüllung setzen.
Welche Funktionen erfüllt diese Nachfrist ?

Das Setzen einer Nachfrist erfüllt zwei Funktionen:
1. Der Verkäufer kann während dieser Nachfrist keine dem widersprechende Rechtsbehelfe ausüben. Er darf insbesondere nicht auf Leistung klagen oder den Vertrag "aufheben", sondern muss den Ablauf der Nachfrist abwarten.
2. Jedoch eröffnet der fruchtlose Ablauf der Nachfrist dem Verkäufer die Möglichkeit, den Vertrag "aufzuheben", auch wenn die Vertragsverletzung des Käufers keine "wesentliche" Vertragsverletzung darstellt – und hier liegt der Vorteil für den Verkäufer bei der Setzung der Nachfrist.

303. *In welchen Fällen empfiehlt es sich für den Verkäufer nach den Regelungen des Art. 63 CISG vorzugehen ?*

Wenn es unsicher ist, ob eine Vertragsverletzung "wesentlich" ist oder wenn er eine "normale" Vertragsverletzung in eine "wesentliche" umwandelt, indem er den Ablauf einer gesetzten Nachfrist abwartet.

304. *Warum muss vom Verkäufer eine konkrete angemessene Nachfrist ge setzt werden und es reicht nicht zu erklären, die Leistung sei "bald", "prompt" oder "unverzüglich" zu erbringen ?*

Der Verkäufer muss dem Käufer sichere Grundlage im Hinblick auf die Geltendmachung von Rechtsbehelfen geben.

305. *Wie bestimmt sich die Angemessenheit einer Nachfrist ?*

Das bestimmt sich nach den Umständen des einzelnen Falles, beispielsweise ob es sich um Saisonware handelt..

Art. 64 Vertragsaufhebung

306. *Unter welchen Voraussetzungen kann der Verkäufer die Vertragsaufhebung verlangen ?*

Der Verkäufer kann die Vertragsaufhebung verlangen, wenn
- der Käufer eine "**wesentliche**" Vertragsverletzung begangen hat (Art. 64 Abs.1 a CISG) oder, wenn
- der Verkäufer fruchtlos eine Nachfrist gesetzt hat oder wenn
- der Käufer erklärt, er werde die Vertragserfüllung auch während der Nachfrist nicht vornehmen (Art. 64 Abs.1 b CISG).

307. *Handelt es sich bei der nicht rechtzeitigen Zahlung des Kaufpreises um eine "wesentliche" Vertragsverletzung im Sinne des Art. 64 Abs.1 a CISG ?*

Nein, die nicht rechtzeitige Zahlung des Kaufpreises ist im Regelfall keine "wesentliche", sondern lediglich eine "einfache" Vertragsverletzung.

308. *Stellt die Verletzung der Abnahmepflicht eine "wesentliche" Vertragsverletzung gem. Art. 64 Abs.1 a CISG dar ?*

Nein, die Nichtabnahme ist keine "wesentliche" Vertragsverletzung , die dem Verkäufer das Recht zur Vertragsaufhebung gäbe. Der Verkäufer muss eine Nachfrist setzen, nach deren fruchtlosem Ablauf er das Recht zur Vertragsaufhebung erhält.

309. *Kann die definitive Zahlungsverweigerung oder Verweigerung der Übernahme der Waren eine wesentliche Vertragsverletzung darstellen ?*

Ja, denn dann ist eine zusätzliche Nachfrist ist wirkungslos.

310. *Wie unterscheiden sich die Regelungen in Art 64 Abs.2 a und Art 64 Abs.2 b CISG ?*

Art. 64 Abs.2 a CISG betrifft die Fälle einer späten Erfüllung durch den Käufer
Art. 64 Abs.2 b CISG regelt sämtliche anderen Fälle.

311. *Kann der Verkäufer das Recht zur Vertragsaufhebung wieder verlieren, wenn er es einmal erlangt hat ?*

Der Verkäufer verliert das Recht zur Vertragsaufhebung, wenn der Käufer den Kaufpreis bezahlt und der Verkäufer von der Zahlung des Käufers Kenntnis erlangt, da dann das wichtigste Interesse des Verkäufers wegfällt (Art. 64 Abs.2 a CISG).

Art. 65   Spezifizierung durch den Verkäufer

312. *Einen besonderen Rechtsbehelf enthält das UN-Kaufrecht für den sog. Spezifikationskauf.*
Was ist unter einem Spezifikationskauf zu verstehen ?

Bei einem Spezifikationskauf ist der Verkäufer berechtigt oder verpflichtet, bestimmte Merkmale der Ware noch festzulegen.
In der Praxis kommt diese Art der Kaufverträge häufig im Bekleidungshandel vor, wenn vom Käufer Modelle, Größe und Farben bei der Bestellung für die nächste Saison noch vorbehalten werden.

313. *Welche Rechte hat der Verkäufer, wenn der Käufer seiner Verpflichtung zur Festlegung nicht nachkommt ?*

Der Verkäufer kann die Spezifizierung nach den Bedürfnissen des Käufers, soweit ihm diese bekannt sind, selbst vornehmen (Art. 65 Abs.1 CISG).

314. *Welchen Vorteil hat es für den Verkäufer, die Spezifikation selbst vorzunehmen, selbst wenn kaum Chancen der Erfüllung durch den Käufer bestehen ?*

Die Spezifikation der Waren setzt den Verkäufer in die Lage, seinerseits die Vertragserfüllung vorzunehmen und die Rechtsbehelfe wahrzunehmen, die aus dem Vertragsbruch des Käufers resultieren.

315. *Welchen Verfahrensablauf muss der Verkäufer beachten, wenn er die Spezifizierung selbst vornimmt ?*

Der Verkäufer hat dem Käufer die Einzelheiten seiner vorgenommenen Spezifikation mitzuteilen und ihm eine angemessene Frist zu setzen, innerhalb deren der Käufer eine abweichende Spezifizierung vornehmen kann (Art. 65 Abs.2 Satz 1 CISG). Macht der Käufer nach Eingang einer solchen Mitteilung von dieser Möglichkeit innerhalb der so gesetzten Frist keinen Gebrauch, so ist die vom Verkäufer vorgenommene Spezifizierung verbindlich (Art. 65 Abs.2 Satz 2 CISG).

Kapitel IV. Übergang der Gefahr

Art. 66 Wirkung des Gefahrübergangs

316. *Was versteht man unter dem Gefahrübergang ?*

Unter dem Gefahrübergang versteht man den Zeitpunkt, zu dem die Verpflichtung des Verkäufers zur Zahlung des Kaufpreises nicht mehr berührt wird, wenn die Ware untergeht oder beschädigt wird, ohne dass dies auf eine Handlung oder Unterlassung des Verkäufers zurückzuführen ist (Art. 66 CISG).

317. *Welches sind die rechtlichen Konsequenzen des Gefahrübergangs ?*

Der Käufer muss den vollen Kaufpreis zahlen, auch wenn er die Ware nur beschädigt oder gar nicht erhält, es sei denn der Verlust oder die Beschädigung geht auf ein Verhalten des Verkäufers zurück.

318. *Wann geht die Gefahr auf den Käufer über ?*

Der Gefahrübergang richtet sich nach der vertraglichen Vereinbarung.

319. *Wie ist zu bestimmen, wann nach den vertraglichen Vereinbarungen der Gefahrübergang erfolgen soll ?*

Das wird durch Vertragsauslegung nach Art. 8 CISG bestimmt.

320. *Wann geht die Gefahr über, wenn es keine vertraglichen Regelungen gibt ?*

Das UN-Kaufrecht unterscheidet verschiedene Fälle:
- Gefahrübergang bei Beförderung der Ware (Art. 67 CISG);
- Gefahrübergang bei Verkauf der Ware während des Transports (Art. 68 CISG) *oder*
- Gefahrübergang in anderen Fällen (Art. 69 CISG).

Art. 67 Gefahrübergang bei Beförderung der Ware

321. *Wann geht im Falle der Beförderung die Gefahr über ?*

Erfordert der Kaufvertrag eine Beförderung der Ware und ist der Verkäufer nicht verpflichtet, sie an einem bestimmten Ort zu übergeben, so geht die Gefahr auf den Käufer über, sobald die Ware gemäß dem Kaufvertrag dem ersten Beförderer zur Übermittlung an den

322. *Sind die eigenen Angestellten des Verkäufers auch "Beförderer" im Sinne des Art. 67 Abs.1 Satz 1 CISG ?*

Nein. "Erste Beförderer" ("carrier") sind nur unabhängige Beförderer oder Spediteure.
Soweit der Verkäufer die Ware durch eigenes Personal befördert, verbleibt das Risiko bei ihm und die Gefahr geht erst mit Aushändigung der Ware an der Käufer auf diesen über (umstr. h.M.).

323. *Aus welchem Grunde ist die Regelung getroffen worden, dass der Gefahrübergang auf den Käufer mit der Aushändigung an den ersten Beförderer eintritt ?*

Diese Regelung mit dem "Splitting" des Risikos wird von der Überlegung getragen, dass der Käufer nach der Ankunft der Waren bei ihm besser als der Verkäufer in der Lage ist, eventuelle Transportschäden oder den Verlust der Ware festzustellen und entsprechende Ansprüche gegen den Beförderer geltend zu machen.

324. *Ist es erforderlich, dass der Käufer auch Eigentümer der Waren ist,*

wenn er Transportschäden oder den Verlust der Waren gegenüber dem
Beförderer geltend machen will ?

Nein, das ist nicht erforderlich. Der Eigentumsübergang vollzieht sich unabhängig
von dem Gefahrübergang und wird nach dem zuständigen Heimatrecht geregelt.

Art. 68 Gefahrübergang bei Verkauf der Ware, die sich auf dem Transport befindet

325. *Wann geht die Gefahr auf einen Käufer über, wenn die Ware während*
des Transports verkauft wird ?

Der Gefahrübergang vom Verkäufer auf den Käufer bei einem Verkauf der Ware
während des Transports geschieht mit dem Abschluss des Kaufvertrages (Art. 68
Satz 1 CISG).

326. *Welche Schwierigkeiten ergeben sich bei dieser allgemeinen Regelung ?*

Schwierigkeiten ergeben sich, wenn die Beschädigung oder der Verlust der Ware
während des Transports erfolgt.

327. *Welches ist eine Ausnahme zu der allgemeinen Regelung ?*

Nach Art. 68 Satz 2 CISG hat der Käufer das Risiko bereits ab dem Zeitpunkt der
Übergabe der Ware an den Beförderer zu übernehmen, falls die Umstände diesen
Schluss nahelegen.

328. *Warum ist diese Ausnahmeregelung praktisch bedeutsamer, als die*
allgemeine Regelung ?

Nach allgemeiner Ansicht betrifft die Formulierung "falls die Umstände diesen
Schluss nahelegen" Fälle, in denen eine Transportversicherung abgeschlossen wur-
de, die alle Risiken abdeckt und wo der Käufer die versicherte Summe direkt beim
Versicherer abrufen kann.

Art. 69 Gefahrübergang in anderen Fällen

329. *Wann geht die Gefahr über, wenn der Käufer die Ware beim Verkäufer*
abzuholen hat ?

Im Falle einer Holschuld geht die Gefahr mit der Übernahme auf den Käufer über.
Soweit der Käufer die Ware nicht rechtzeitig übernimmt, geht die Gefahr über,

wenn dem Käufer die Ware zur Verfügung gestellt wird (Art. 69 Abs.1 CISG).

330. *Aus welchen Gründen wird Art. 69 CISG auch dann auf den Käufer an-gewandt, wenn er nach Art. 79 CISG von seinen Verpflichtungen befreit wäre ?*

Nach Art.79 CISG wird der Käufer von Schadenersatzpflichten befreit, wenn sein Vertragsbruch auf höherer Gewalt beruhte.
Aber das ändert nach herrschender Meinung nichts an der Tatsache, dass das Risiko hinsichtlich einer Beschädigung oder eines Verlustes der Ware zu dem Zeitpunkt auf den Käufer übergeht, zu dem er die Ware in Besitz zu nehmen hatte (umstr.).
Art. 69 findet auch Anwendung, wenn der Käufer nach Art. 79 CISG zur Übernah-me der Ware entschuldigt ist, denn der Gefahrübergang und höhere Gewalt sind ver-schiedene Dinge.

Art. 70 Wesentliche Vertragsverletzung und Gefahrübergang

331. *Welche Regelung wird in Art. 70 CISG getroffen ?*

Art. 70 CISG regelt das Verhältnis zwischen den Rechtsbehelfen eines Käufers und dem Übergang der Gefahr, wenn der Verkäufer eine "wesentliche" Vertragsverlet-zung begangen hat und der Untergang der Ware auf Zufall beruht..

332. *Und welche Regelung trifft Art. 70 CISG für diesen Fall ?*

Nach Art. 70 CISG hat die wesentliche Vertragsverletzung des Verkäufers Vorrang vor den Gefahrtragungsregeln.

333. *Welche Regelung trifft Art. 70 CISG für diesen Fall ?*

Wenn ein Käufer den Kaufvertrag wegen einer wesentlichen Vertragsverletzung des Verkäufers den Vertrag aufheben oder eine Ersatzlieferung verlangen kann, bleibt dieses Recht des Käufers bestehen, selbst wenn die Ware infolge Zufalls untergeht oder beschädigt wird (Art. 82 Abs.2 a CISG).

334. *Entspricht der Begriff des Zufalls im CISG dem des deutschen BGB ?*

Nein, die Fragen des Zufalls sind im CISG anders gefasst. Erfasst werden nur die Fälle, die nicht auf einer Handlung oder Unterlassung des Käufers beruhen (Art. 82 Abs.2 a CISG).
Unsicherheiten bestehen jedoch hinsichtlich der Auslegung der Formulierung "nicht auf einer Handlung oder Unterlassung des Käufers" beruhend. Die Regelung kann nicht so interpretiert werden, dass nur ein schuldhaftes Verhalten des Käufers sein

Aufhebungsrecht oder seinen Nachlieferungsanspruch sperrt. Es muss sich um ein Verhalten des Käufers handeln, das er zu verantworten hat (engl: "is not due to his act or omission").

Der Käufer trägt **nicht** das Risiko für Einwirkungen außerhalb seiner Einflusssphäre und für unvermeidbare oder unvorhersehbare Ereignisse.

Kapitel V. Gemeinsame Bestimmungen über die Pflichten des Verkäufers und des Käufers Art. 71-88 CISG

335. *Sind die gemeinsamen Bestimmungen über die Pflichten des Verkäufers und des Käufers nach Käufer- und Verkäuferpflichten unterteilt ?*

Nein, das CISG unterteilt nicht, sondern trifft Regelungen, die für beide Vertragsparteien gelten.

336. *Welche Fragestellungen sind in den gemeinsamen Bestimmungen für Käufer und Verkäufer erfasst, die für beide Parteien gelten ?*

Es werden die **Störungen im Vorfeld der Erfüllung** durch
- Gefährdung (Art.71 CISG),
- vorzeitige Vertragsverletzung (Art.72 CISG) und
- Störungen während der gestreckten Erfüllung in Sukzessivlieferungsverträ
  gen (Art. 73 CISG) geregelt.

Neben den eigentlichen Vertragsverletzungen sind demgemäß auch die Probleme der Gefährdung der künftigen Erfüllung angesprochen.

Abschnitt I. Vorweggenommene Vertragsverletzung und Verträge über aufeinander folgende Lieferungen Art.71-73 CISG

Art. 71 Verschlechterungseinrede

337. *Kann eine Partei die Erfüllung ihrer Pflichten "aussetzen", wenn sich nach Vertragsabschluss herausstellt, dass die andere Partei einen Teil ihrer Pflichten nicht erfüllen wird ?*

Ja, das kann sie, wenn die andere Partei einen "wesentlichen" Teil ihrer Pflichten nicht erfüllen wird,
- wegen eines schwerwiegenden Mangels ihrer Fähigkeit, den Vertrag zu erfüllen, oder
- ihrer Kreditwürdigkeit oder

- wegen Ihres Verhaltens bei der Vorbereitung der Erfüllung oder
- bei der Erfüllung des Vertrages (Art. 71 Abs.1 CISG).

338. *Müssen die Verschlechterungen, die einer Partei das Aussetzungsrecht geben, erst nach Vertragsabschluss auftreten oder können sie auch bei oder sogar vor Vertragsabschluss vorgelegen haben ?*

Die Verschlechterungen können bereits bei oder vor Vertragsabschluss vorgelegen haben, die Tatsache darf sich jedoch für die aussetzende Partei erst nach Vertragsabschluss herausstellen.

339. *Was versteht man unter einem sog. "Stoppungsrecht", das in Art. 71 Abs.2 Satz 1 CISG verankert ist ?*

Unter einem Stoppungsrecht versteht man das Recht des Verkäufers, der von einem Verschlechterungsfall Kenntnis erlangt, den Transporteur oder Spediteur zur Befolgung einer Stopp-Anweisung zu veranlassen.
Ob der Transporteur diese Stopp-Anweisung zu befolgen hat, richtet sich nicht nach dieser Bestimmung sondern nach dem Vertragsverhältnis mit dem Verkäufer.

340. *Was ist der Unterschied zwischen den beiden Regelungen in Abs.1 und Abs.2 des Art. 71 CISG ?*

Das Recht zur Erfüllungsverweigerung in Art. 71 Abs.1 CISG betrifft beide Vertragspartner.
Demgegenüber ist in Art. 71 Abs.2 CISG nur der Verkäufer berechtigt, sich der Übergabe der Ware an den Käufer zu widersetzen.

Art. 72 Antizipierter Vertragsbruch

341. *Welchen Rechtsbehelf sieht das UN-Kaufrecht vor, wenn einer Partei offensichtlich wird, dass die andere Partei einen wesentlichen Vertragsbruch begehen wird ?*

Im Falle eines antizipierten Vertragsbruchs kann die andere Partei die Aufhebung des den Vertrags erklären (Art.72 Abs.1 CISG).

342. *Welchen Zweck verfolgt die Regelung in Art. 72 Abs.2 CISG, dass der anderen Partei angezeigt werden muss, wenn eine Partei die Aufhebung des Vertrages erklären will ?*

Der Zweck dieser Regelung ist, der anderen Partei die Möglichkeit einzuräumen, die Vertragsaufhebung durch die Stellung von Sicherheiten abzuwenden.

343. *Welche Rechtsfolgen zieht eine unterlassene Anzeige nach sich ?*

Bei einer unterlassenen Anzeige kann der Gläubiger nicht mehr die Aufhebung des Vertrages erklären. Wenn eine derartige Vertragsaufhebung dennoch ohne eine entsprechende Anzeige erklärt wird, begeht der Gläubiger seinerseits selbst einen Vertragsbruch mit den Konsequenzen des Art. 72 Abs.3 CISG.

344. *In welchen Fällen ist eine Anzeige nicht erforderlich ?*

Eine Anzeige ist nicht erforderlich, wenn die andere Partei erklärt hat, dass sie ihre Pflichten nicht erfüllen wird (Art. 72 Abs.3 CISG).

345. *Wann ist eine bevorstehende wesentliche Vertragsverletzung so offensichtlich, dass die Vertragsaufhebung erklärt werden kann ?*

Es ist eine sehr hohe Wahrscheinlichkeit erforderlich, die vernünftigen Personen allgemein einleuchtet.
Es ist unbestritten, dass im Falle des Art. 72 CISG ein höherer Grad an Wahrscheinlichkeit als im Falle des Art. 71 CISG vorliegen muss
Dies ergibt sich bereits aus der Wortwahl.
Insbesondere ergibt sich dies jedoch aus den verschiedenartigen Zwecken und den rechtlichen Folgen der beiden Vorschriften.

346. *Welches Verfahren ist bei einer Vertragsaufhebung wegen eines antizipierten Vertragsbruchs einzuhalten ?*

Die vertragstreue Partei soll der anderen Partei die Absicht anzeigen, den Vertrag aufzuheben (Art. 72 Abs.2 CISG).

347. *Es ist schwierig, wenn die Anzeige an die andere Vertragspartei so unvernünftig kurz erfolgt und die vom Schuldner besorgte Versicherung nicht ausreichend ist.*
Sind diese beiden Fälle ebenso zu lösen, wie wenn weder eine Anzeige noch eine Versicherung erfolgten ?

Diese Fragestellung ist nicht unumstritten zu beantworten. Basierend auf dem Gedanken der zweiten Chance in Art. 48 CISG scheint es näher liegend, dem Gläubiger die Möglichkeit einzuräumen, die Anzeige mit einer angemessenen Frist zu korrigieren und sie in Übereinklang mit einer vernünftigen Forderung zu bringen. Desgleichen sollte der Schuldner die Möglichkeit erhalten, eine angemessene Versicherung abzuschließen.

348. *Wie unterscheidet sich Art. 72 CISG von den Art. 71, 49 und 64 CISG ?*

Art. 72 und 71 CISG betreffen die **Vorbereitungen** zur Leistung.
Art. 72 CISG erlaubt einer Partei die Vertragsaufhebung. Art. 71 CISG gewährt einer Partei das Recht zur vorläufigen Aussetzung der Erfüllung ihrer Pflichten.

Art. 49 und 64 CISG beziehen sich auf eine wesentliche Vertragsverletzung durch **Nichterfüllung** und gewähren das Recht zur Vertragsaufhebung. Nach den Art. 49 und 64 CISG handelt es sich nicht um Vorbereitungen zur Erfüllung sondern die "wesentlichen" Vertragsverletzungen müssen bereits geschehen sein - während Art. 72 CISG erforderlich macht, dass eine wesentliche Vertragsverletzung in der Zukunft erfolgen wird.

Art. 73 Sukzessivlieferungsvertrag; Aufhebung

349. *Was versteht man unter einem Sukzessivlieferungsvertrag?*

Ein Sukzessivlieferungsvertrag ist durch aufeinander folgende Lieferungen von Ware gekennzeichnet. Ein derartiger Sukzessivlieferungsvertrag liegt bereits bei zwei aufeinander folgenden Lieferungen vor, die voneinander getrennt werden können und die zu verschiedenen Zeitpunkten stattfinden. Insofern unterscheiden sie sich von einfachen Verträgen, bei denen die Waren durch eine Lieferung erfolgen. Jedoch müssen Sukzessivlieferungsverträge von dem Abschluss mehrerer einzelner Verträge unterschieden werden. Sukzessivlieferungsverträge stellen für die Vertragsparteien eine Einheit dar, beispielsweise mit einer einzigen Zahlung oder einer einzigen Lieferorder.
In Zweifelsfällen liegt ein Sukzessivlieferungsvertrag vor.

350. *Welchen Teil eines sog. Sukzessivlieferungsvertrages, der aufeinander folgende Lieferungen von Waren vorsieht, kann der Käufer bei einer wesentlich gestörten Teilleistung aufheben?*

Der Käufer hat das Recht, die Vertragsaufhebung hinsichtlich der gestörten Teilleistung – aber auch nur hinsichtlich dieser Teilleistung – zu verlangen (Art.73 Abs.1 CISG).

351. *Kann der Käufer bei einer wesentlichen Störung der Teillieferung auch die Vertragsaufhebung für künftige Lieferungen verlangen?*

Die Vertragsaufhebung für die künftigen Lieferungen ist möglich und setzt voraus, dass die Mangelhaftigkeit oder das Ausbleiben einer Teilleistung berechtigten Anlass zu der Befürchtung gibt, dass auch die noch ausstehenden Leistungen nicht ohne einen wesentlichen Vertragsverstoß erbracht werden (Art. 73 Abs.2 CISG).

Der Käufer muss die Vertragsaufhebung für die Zukunft binnen einer angemessenen Frist erklären.

352. *Wie unterscheiden sich die Fälle in Art. 73 Abs 1, Abs.2 und Abs.3 CISG voneinander ?*

Nach Art. 73 Abs1. CISG begeht eine Vertragspartei durch Nichtlieferung eine wesentliche Vertragsverletzung.
Nach Art. 73 Abs.2 CISG kann eine Vertragspartei mit triftigen Gründen davon ausgehen, dass in Zukunft eine wesentliche Vertragsverletzung im Hinblick auf künftige Teillieferungen zu erwarten ist.
Nach Art. 73 Abs.3 CISG sind Teillieferungen wegen des untereinander bestehenden Zusammenhangs nicht mehr im Sinne des Vertragszwecks verwendbar.

Die drei Situationen des Art. 73 CISG betreffen verschiedene Teilbereiche des Sukzessivlieferungsvertrages : die aktuelle Teillieferung (Art. 73 Abs.1 CISG); die künftigen Teillieferungen (Art. 73 Abs.2 CISG) und den gesamten Sukzessivlieferungsvertrag (Art. 73 Abs.3 CISG).

353. *Wie unterscheidet sich Art. 73 CISG von den Art. 71 und 72 CISG ?*

Art. 71 und Art. 72 CISG enthalten allgemeine Regelungen, die sowohl einfache als auch Sukzessivlieferungsverträge betreffen.
Art. 73 CISG betrifft lediglich Sukzessivlieferungsverträge.

354. *Welche Rechte hat der Käufer nach Art. 73 Abs.1 CISG bei einer wesentlichen Vertragsverletzung hinsichtlich einer Teillieferung durch den Verkäufer ?*

Der Käufer kann die Vertragsaufhebung in Bezug auf diese Teillieferung erklären.

355. *Kann der Käufer bei einer wesentlichen Störung einer Teillieferung die Vertragsaufhebung für den gesamten Vertrag, also sowohl für die bereits erbrachten einwandfreien Teilleistungen als auch für die künftig noch zu erbringenden Lieferungen verlangen ?*

Die Aufhebung eines Sukzessivlieferungsvertrages ist mit rückwirkender Kraft möglich, jedoch nur unter der Voraussetzung, dass wegen des zwischen den Teilleistungen bestehenden Zusammenhangs die bereits erhaltenen Lieferungen nicht mehr vertragsgemäß verwendet werden können (Art. 73 Abs.3 CISG).

Abschnitt II. **Schadenersatz**

356. *Die Regelungen für den Schadenersatz (das deutsche BGB spricht von Schadensersatz) findet sich in den Art. 74 – 77 CISG zusammengefasst unter "Gemeinsame Bestimmungen über die Pflichten des Verkäufers und des Käufers".*
Welches ist die wichtigste Voraussetzung dafür, dass überhaupt ein Schadenersatz gefordert werden kann ?

Die wichtigste Voraussetzung für einen Schadenersatzanspruch ist eine Pflichtverletzung.
Unerheblich ist, um welche Art einer Pflichtverletzung es sich handelt.

357. *Setzt der Schadenersatzanspruch ein Verschulden des Verpflichteten voraus, wie dies im BGB der Fall ist ?*

Nein, im UN-Kaufrecht ist die Schadenersatzpflicht grundsätzlich unabhängig von einem Verschulden.
Allerdings gibt es für den Verpflichteten ausnahmsweise Entlastungsmöglichkeiten, die seine Haftung einschränken oder ausschließen können (Art. 79, 80 CISG).

Art. 74 Umfang des Schadenersatzes

358. *In welchem Umfang ist der Schadenersatz zu leisten ?*

Als Schadenersatz ist der entstandene Verlust, einschließlich des entgangenen Gewinns zu ersetzen, der der geschädigten Partei durch die Vertragsverletzung entstanden ist (Art. 74 Satz 1 CISG).

359. *Welches ist das Grundprinzip des CISG für den Schadenersatz ?*

Das CISG basiert auf einer vollständigen Schadenregulierung, einschließlich eines entgangenen Gewinns, ohne dass ein Verschulden bei der Vertragsverletzung erforderlich wäre.

360. *Warum verzichtet das CISG auf eine Unterscheidung verschiedener Schadenarten ?*

Weil die Regelungen für verschiedene Schadenarten in den unterschiedlichen Heimatrechten beträchtlich differieren und das CISG eine neutrale Rechtslage herbeiführen will.

361. *Ist der Umfang des zu ersetzenden Schadens in der Höhe begrenzt oder wie im deutschen BGB unbegrenzt ?*

Der zu ersetzende Schaden ist auf denjenigen Umfang begrenzt, der für die vertragsbrüchige Partei bei Vertragsabschluss als mögliche Folge ihrer Vertragsverletzung voraussehbar ("**contemplation rule**" Art. 74 Satz 2 CISG).

362. *Welche rechtspolitische Überlegung steht hinter der* **contemplation rule ?**

Die Begrenzung des Schadensersatz auf den voraussehbaren Umfang nach dem Vorbild im anglo-amerikanischen Rechtskreis sollen beiden Vertragsparteien die Möglichkeit geben, das Risiko abzuwägen.

363. *Nach welchen Grundsätzen wird denn entschieden, wann und in welchem Umfang typischerweise Schäden voraussehbar sind ?*

Diese Entscheidung richtet sich nach den Umständen des Einzelfalles.

364. *Gibt es einen Schadenersatzanspruch wegen Personenschäden ?*

Nein. Personenschäden sind nach dem CISG nicht erstattungsfähig (Art. 74 und Art. 5 CISG).
Derartige Schäden müssen über die Regeln des Internationalen Privatrechts nach den jeweiligen nationalen nicht vereinheitlichten Rechtsordnungen geprüft werden.

365. *Wonach ist zu entscheiden, ob ein Verlust als Schaden geltend gemacht werden kann oder nicht ?*

Verluste, die infolge der Vertragsverletzung erlitten wurden, können als Nichterfüllungsschaden geltend gemacht werden.

366. *Wie ist der "entgangene Gewinn" zu definieren ?*

"Entgangener Gewinn" ist jeder entgangene Vorteil, den die beschwerte Partei hätte realisieren können, wenn der Vertrag erfüllt worden wäre.

367. *Warum ist der "entgangene Gewinn" mit Unsicherheiten belastet ?*

Weil die Frage nach der Realisierung des entgangenen Gewinns fiktiv ist und insofern ein spekulatives Element enthält.

368. *Nach Art. 74 CISG ist es zulässig, Ausgleich für Verpflichtungen gegenüber Dritten zu verlangen.*
Welche Voraussetzungen bestehen für diese Ansprüche und welche Grenzen bestehen für derartige Schadensersatzansprüche ?

Der Verkäufer muss für den Vertragsbruch verantwortlich sein und die Verantwortlichkeit des Käufers gegenüber dem Dritten muss zum Zeitpunkt des Vertragsabschlusses voraussehbar gewesen sein.

Art. 75 Schadensberechnung bei Vertragsaufhebung und Deckungsgeschäft

369. *Die Berechnung des Schadenersatzes wird vereinfacht, wenn die geschädigte Vertragspartei ein Deckungsgeschäft tätigt. Welche Voraussetzungen müssen erfüllt sein ?*

1. Die Aufhebung des Vertrages muss erklärt worden sein.
2. Die vertragstreue Partei muss ein Deckungsgeschäfts vorgenommen haben.

370. *Welche Regelungen gelten für das Deckungsgeschäft ?*

Das Deckungsgeschäft muss in angemessener Weise und binnen eines angemessenen Zeitraums nach der Aufhebung vorgenommen werden (Art.75 CISG).

371. *Nach welchen Kriterien ist die "Angemessenheit" in Art. 75 CISG zu bestimmen ?*

Maßgebend sind die Qualität und der Betrag der Waren und der Zeitpunkt des Deckungskaufs.

372. *Gibt es eine weitere Vorschrift, die Einfluss auf die Angemessenheit hat ?*

Ja, das ist die Schadenminderungspflicht in Art. 77 CISG.

373. *Gibt es eine pauschale Regelung für die "angemessene" Zeit ?*

Nein, die Angemessenheit hängt von den Umständen des Einzelfalles ab.

374. *Wann beginnt die "angemessene Zeit" zu laufen ?*

Diese Zeit beginnt mit der Aufhebung des Vertrages zu laufen.

375. *Wie erfolgt die Berechnung des Schadenersatzes im Falle von Deckungsgeschäften der geschädigten Vertragspartei ?*

Ist der Vertrag aufgehoben und hat der Käufer einen Deckungskauf oder der Ver-

käufer einen Deckungsverkauf in angemessener Weise und innerhalb eines angemessenen Zeitraums nach der Aufhebung vorgenommen, so kann die Partei, die
Schadensersatz verlangt, den Unterschied zwischen dem im Vertrag vereinbarten
Preis und dem Preis des Deckungskaufs oder des Deckungsverkaufs sowie jeden
weiteren Schadenersatz nach Artikel 74 CISG verlangen (Art. 75 CISG).

Art. 76 Schadensberechnung bei Vertragsaufhebung ohne Deckungsgeschäft

376. *Welcher Gedanke liegt dem Art. 76 CISG zugrunde ?*

Art. 76 CISG bestimmt eine abstrakte Schadenberechnung, wenn kein Deckungsgeschäft vorliegt.

377. *Wie erfolgt die Berechnung des Schadenersatzes, wenn kein Deckungsgeschäft getätigt wurde ?*

Ohne ein Deckungsgeschäft kann der geschädigte Vertragspartner abstrakt - ohne
einen weiteren Nachweis - den Differenzbetrag zwischen dem vertraglich vereinbarten Kaufpreis und dem Marktpreis nach näherer Maßgabe von Satz 1 und Satz 2 verlangen.
Es handelt sich um einen Fall sog. abstrakter Schadensberechnung.

378. *Nach welchen Gesichtspunkten bestimmt es sich, ob es einen Markt-preis gibt ?*

Dieser ergibt sich, wenn es einen Markt gibt, auf dem die Waren üblicherweise gehandelt werden.

379. *Was ist unter dem Marktpreis zu verstehen, der bei einer Schadenbe-rechnung herangezogen werden kann, ohne dass ein Deckungskauf nach Art. 76 CISG erfolgte ?*

Ein **Marktpreis** im Sinne von Art. 76 CISG liegt dann in jedem Fall vor, wenn es
eine amtliche Preisnotierung gibt. Diese ist jedoch nicht erforderlich.
Es ist ausreichend, wenn sich für Ware gleicher Art an einem bestimmten Handels-
platz ein laufender Preis aufgrund regelmäßiger Geschäftsabschlüsse gebildet hat.

380. *Wie wird der Schaden berechnet, wenn es keinen Marktpreis gibt ?*

Wenn es keinen Marktpreis weder am Ort des Vertragsabschlusses noch an einem
vergleichbaren anderen Ort gibt wird der Schaden nach den Grundsätzen des Art. 75
CISG berechnet.

Nach Art. 74 CISG muss der Wert der Waren geschätzt werden.

381. *Kann die beschwerte Vertragspartei auch dann noch Schadenersatz nach Art. 76 CISG verlangen, wenn sie einen Deckungskauf vorgenommen hat ?*

Ein Schadenersatzanspruch berechnet sich grundsätzlich nach Art. 75 CISG. Wenn ein Deckungskauf jedoch nicht alle der Waren umfasst, ist die Berechnung teils auf Grund von Art. 75 CISG und teils nach Art. 76 CISG vorzunehmen.

Art. 77 Schadensminderungspflicht des Ersatzberechtigten

382. *Welcher allgemeine Rechtsgedanke liegt Art. 77 CISG zugrunde ?*

Art. 77 CISG beruht auf dem weltweit anerkannten Grundgedanken, dass vermeidbare Schäden nicht entschädigungswürdig sind.

383. *Ist im UN-Kaufrecht eine Schadenminderungspflicht des Geschädigten verankert ?*

Ja, der Geschädigte ist verpflichtet, alle angemessenen Maßnahmen zur Verringerung des Schadens zu treffen (Art. 77 CISG).

384. *Können Sie Beispiele für angemessene Maßnahmen zur Erfüllung der Schadenminderungspflicht benennen ?*

Der Schadenminderungspflichtige ist gehalten, den Verpflichteten über die besondere Art oder Höhe des ihm drohenden Schadens zu informieren. Bei marktgängiger Ware kann ein Deckungskauf geboten sein (vgl. Art. 75 CISG).
Bei einer Rückgabepflicht der Ware muss der Käufer für eine angemessene Aufbewahrung und Werterhaltung der Ware sorgen.

385. *Welche rechtlichen Konsequenzen bestehen, wenn der Geschädigte seiner Schadenminderungspflicht nicht nachkommt ?*

Das hat einen Ausschluss oder eine Reduktion des Schadenersatzanspruchs zur Folge.

Abschnitt III. **Zinsen** Art.78 CISG

Art. 78 Zinsen

386. *In Art. 78 CISG trifft das CISG eine Regelung über Zinsen.*
Ist diese Vorschrift von großer praktischer Bedeutung ?

Ja, sie ist von allergrößter praktischer Bedeutung.. In jedem Schadenersatzprozess muss fast stets auf Art. 78 CISG zurückgegriffen werden, wenn die Zahlungsverpflichtung des ausstehende Kaufpreis nebst Zinsen oder eine Schadenersatzverpflichtung nebst Zinsen streitig ist.

387. *Können Sie sich vorstellen, dass es bei den Vorverhandlungen zum*
CISG Probleme gegeben haben könnte ?

Ja, es hat außerordentlich große Probleme gegeben. An den unüberbrückbaren Meinungsgegensätzen drohte das Scheitern der Konferenz.

- Islamische Staaten lehnen aus religiösen Gründen eine Zinszahlungspflicht und eine dementsprechende Regelung ab.

- Von anderer Seite wurde eine spezielle Regelung für Zinsen als entbehrlich angesehen, da eine entgangene Kapitalnutzung als Schadenersatz geltend gemacht werden kann.

- Teilweise sah man in den Zinsen ohnehin abschöpfbare Vorteile gem. Art. 84 Abs.1 CISG.

- Andererseits wurde eine spezielle Zinsvorschrift für erforderlich gehalten, weil Zinsen gerade nicht als Schadenersatz eingeordnet werden können.

- Und völlig vergeblich waren sämtliche Bemühungen, eine Einigung über einen "richtigen" Zinssatz herbeizuführen.

388. *In vielen Rechtssystemen, die dem anglo-amerikanischen Common Law*
angehören, zählen Zinsen zum Prozessrecht und nicht zum materiellen
Recht.
Was bedeutet die Regelung in Art. 77 CISG im Hinblick auf diese
Rechtsordnungen des Common Law ?

Aufgrund er Regelung in Art. 78 CISG gehören die Zinsen nicht zum Prozessrecht sondern zum materiellen Sachrecht.

389. *Schuldet eine Vertragspartei der anderen Partei Zinsen, wenn sie mit*
der Zahlung eines Geldbetrages in Verzug ist ?

Ja, jede Vertragspartei muss im Falle des Verzugs Zinsen zahlen (Art. 78 CISG)..

390. *Wie hoch ist der geschuldete Zinssatz ?*

Die Höhe des Zinssatzes ist im CISG nicht festgelegt. Die Delegationen konnten sich bei den Verhandlungen in Wien weder auf einen festen Zinssatz noch auf einen Pauschalsatz einigen.

391. *Auf welchen Betrag sind die Zinsen zu zahlen ?*

Zinsen sind auf die gesamte geschuldete Summe zu bezahlen Dazu gehören nicht nur der Kaufpreis sondern auch die Schadenersatzbeträge und sonstige Ausgaben.

392. *Sind auch Zinseszinsen zu zahlen ?*

Die Frage ist umstritten. Eine ausdrückliche Regelung findet sich im CISG nicht.

393. *Nach welchen Regeln werden die zu zahlenden Zinsen ermittelt ?*

1. Grundlegend maßgebend ist eine Parteivereinbarung.
2. Soweit eine Parteivereinbarung nicht zu ermitteln ist, ist das CISG nach Art. 7 CISG dahingehend auszulegen, wie die Lücke im CISG-Gesetz auf der Grundlage der allgemeinen Regelungen des CISG zu schließen ist.
3. Letztlich bleibt nur die Möglichkeit, über das internationale Privatrecht auf das Heimatrecht zurückzugreifen. Dies ist die der herrschenden Meinung.

Abschnitt IV. Befreiungen Art.79-80 CISG

Art. 79 Hinderungsgrund außerhalb des Einflussbereichs des Schuldners

394. *Jeder Vertragspartner hat für die Erfüllung seiner Pflichten einzustehen und zwar unabhängig von einem persönlichen Verschulden.
Gibt es Grenzen für diese Einstandspflicht ?*

Ja. Eine Vertragspartei hat für solche Hinderungsgründe nicht einzustehen, die außerhalb ihres Einflussbereichs liegen oder die sie nicht in Betracht ziehen musste oder auch nicht vermeiden musste (Art. 79 Abs.1 CISG).

395. *Welcher Grundgedanke liegt Art.79 CISG zugrunde ?*

Art. 79 CISG beruht auf dem Grundgedanken, dass ein Schuldner eine Pflichtverletzung nicht zu verantworten hat, wenn ihre Ursache weder beherrschbar und noch nicht einmal vorhersehbar war.
Diese Einschränkung ist erheblich enger, als das erforderliche "Verschulden" im

deutschen Recht, denn die subjektiven Voraussetzungen beim Schuldner und die Zumutbarkeit der Pflichterfüllung sind für Art. 79 CISG unerheblich.

Doch im einzelnen Fall sind die Unterschiede praktischen wohl vielfach nicht so weit voneinander entfernt,
- da der Schuldner im BGB für Gattungs- und Geldschulden nach § 243 BGB stets einzustehen hat, es sei denn die ganze Gattung geht unter (§ 275 BGB) und
- da die "Voraussehbarkeit" und "Vermeidbarkeit" im Sinne des § 79 CISG im Rahmen des BGB beim Verschulden und der im Verkehr erforderlichen Sorgfalt des Schuldners nach § 276 Abs.2 BGB gleichfalls eine Einstands-pflicht des Schuldners oder seine Nichthaftung begründen können.

396. *Auf welche vertraglichen Pflichten bezieht sich die Regelung in Art. 79 CISG ?*

Die Regelung in Art. 79 CISG bezieht sich auf sämtliche Vertragspflichten.

397. *Kann sich eine verpflichtete Partei gegen sämtliche Rechtsbehelfe auf die Haftungsbefreiungsregelungen des Art. 79 CISG berufen ?*

Nein, das ist nicht möglich. Die Haftungsbefreiungsregelung in Art. 79 CISG betrifft nur Schadenersatzverpflichtungen (Art. 79 Abs.5 CISG).

398. *Zu welchem Zeitpunkt muss der Hinderungsgrund im Sinne des Art. 79 CISG eintreten ?*

Der Hinderungsgrund muss in der Regel nach Vertragsabschluss eintreten. Teilweise wird in der rechtswissenschaftlichen Literatur die Ansicht vertreten, dass die Regelung des Art. 79 CISG analog auch auf Hinderungsgründe angewandt wer-den solle, die vor Vertragsabschluss eingetreten sind, jedoch den parteien nicht be-kannt und nicht vorhersehbar waren.

399. *Welches sind Beispiele für Hinderungsgründe, die außerhalb des Ein-flussbereichs des Schuldners liegen und die ihn von der Haftung befreien ?*

Beispiele sind typischerweise Fälle der höheren Gewalt, Naturereignisse wie ein Tsunami, ein Erdbeben, verheerende Unwetter oder Terroristen-Anschläge.

400. *Befreit jeder Hinderungsgrund im Sinne des Art. 79 Abs.1 CISG den Schuldner von einer Schadenersatzpflicht, wenn der Hinderungsgrund außerhalb seines Einflussbereiches liegt ?*

Nein, das alleine reicht nicht aus. Ein Hinderungsgrund befreit den Schuldner nur dann von seiner Haftung, wenn er nach der Risikoverteilung im Kaufvertrag weder gehalten war,
- das Hindernis bei Vertragsschluss in Betracht zu ziehen,
- noch es zu vermeiden
- oder seine Folgen zu überwinden.

401. *Welche unterschiedliche rechtliche Konsequenzen bestehen bestehen zwischen Art. 79 CISG und § 313 BGB ?*

In den Fällen des Art. 79 CISG ist die einzige Konsequenz die **Befreiung** von **Schadenersatzverpflichtungen** der an der Erfüllung ihrer Verpflichtungen gehinderten Vertragspartei.
§ 313 BGB sieht den Anspruch auf eine **Anpassung** des Vertrages unter Berücksichtigung der Umstände des Einzelfalls vor.

402. *Kann der Schuldner nach Art. 79 CISG von seiner Haftung befreit werden, wenn seinerseits bereits eine Vertragsverletzung vorliegt ?*

Wenn der Hinderungsgrund eintritt, wenn der Schuldner bereits eine Vertragsverletzung begangen hat, fehlt es in der Regel an der Kausalität zwischen den Hinderungsgrund und der Nichterfüllung. In diesen Fällen ist der Vertragsbruch die Ursache für die Nichterfüllung und nicht der Hinderungsgrund.

403. *Haftet eine Vertragspartei für **andere Personen** entsprechend, wie das im BGB für Erfüllungsgehilfen in § 278 BGB geregelt ist ?*

Nein. Das UN-Kaufrecht hat für entsprechende Fragestellungen eine andere Systematik.
Nach UN-Kaufrecht muss zwischen der unbeschränkten Haftung des Schuldners für das Personalrisiko hinsichtlich seiner **eigenen Leute** nach Art. 79 Abs.1 CISG und **"Dritten"** gem. Art. 79 Abs.2 CISG unterschieden werden.

404. *Welcher Personenkreis gehört in diesem Sinne zu den eigenen Leuten des Schuldners, für die er das volle Personalrisiko nach Art. 79 Abs.1 CISG trägt ?*

Zu diesem Personenkreis der eigenen Leute gehören:
- die eigenen Leute, die in die betriebliche Organisation eingegliedert sind sowie
- jedoch auch außenstehende, selbständige Unternehmen, wenn sie bei ihrer Tätigkeit dem Schuldner organisatorisch untergeordnet sind.

Der Fragenkreis ist jedoch umstritten und wird nicht einheitlich beantwortet.

405. *Hat ein Schuldner für das Verschulden der eigenen Leute einzustehen, wie das im BGB für Erfüllungsgehilfen gem. § 278 BGB der Fall ist ?*

Ein Schuldner hat nach Art. 79 Abs.1 CISG schlechthin auch für seine eigenen Leute einzustehen, ohne dass eine besondere Regelung entsprechend § 278 BGB besteht.

Ein Fehlverhalten der eigenen Leute fällt in den normalen Verantwortungsbereich des Schuldners gem. Art. 79 Abs.1 CISG, ohne dass es auf ein Verschulden bei der Auswahl oder Überwachung der Leute ankommt. Auch kann er sich nicht darauf berufen, dass die Leute gegen seine Anweisungen gehandelt haben.

Der Schuldner trägt insofern das volle Risiko für sein Personal.

406. *Haftet der Schuldner darüber hinaus auch für außenstehende Dritte ?*

Ja, jede Vertragspartei haftet grundsätzlich für Dritte, deren sie sich zur völligen oder teilweisen Vertragserfüllung bedient (Art. 79 Abs.2 CISG).

407. *Wer gehört zu dem Kreis dieser "Dritten" im Sinne des Art. 79 Abs.2 CISG ?*

Der Kreis der "Dritten" im Sinne des Art. 79 Abs.2 CISG wird nach herrschender Ansicht eng gezogen.

Dritte sind nach herrschender Meinung nur eigenverantwortlich handelnde Personen, die nicht in den Organisationsbereich des Schuldners unter dessen Verantwortung tätig sind.

Im BGB werden derartig herangezogene Personen nicht von den sonstigen Erfüllungsgehilfen unterschieden.

408. *Gibt es Grenzen für die Einstandspflicht für diese Dritten ?*

Die Haftungsverpflichtung einer Vertragspartei für einen eingesetzten Dritten besteht nur dann nicht,
- wenn die Vertragspartei selbst nicht gem. Art. 79 Abs.1 CISG haftet oder
- wenn der Dritte seinerseits selbst ebenfalls nach Art. 79 Abs.1 CISG befreit wäre und Art. 79 Abs.1 CISG auf ihn Anwendung fände.

409. *Besteht die Haftung einer Vertragspartei für die eigenen Leute und für Dritte in gleichem Maße oder ist sie unterschiedlich ?*

Sie ist unterschiedlich geregelt.

Im Falle der Haftung für die eigenen Leute besteht die Befreiungsmöglichkeit in den Fällen des Art. 79 Abs.1 CISG die in seinem Verantwortungsbereich vorliegen müssen.

Im Falle der Haftung für Dritte nach Art. 79 Abs.2 CISG müssen diese Voraussetzungen kumulativ sowohl beim Schuldner selbst als aber auch bei dem Dritten vorliegen. Insofern ist die Haftung für den Schuldner im Falle der Einschaltung von "Dritten" schärfer, insofern, als die Befreiungsmöglichkeiten kumulativ sowohl bei dem Schuldner als auch bei dem Dritten vorliegen müssen.

410. *Besteht zwischen den Regelungen in Art. 79 Abs.1 CISG und den Rege lungen in Art. 79 Abs. 2 CISG ein Unterschied in den Voraussetzungen für die Haftungsbefreiungen ?*

Ja, es besteht Unterschied. In Art. 79 Abs.2 CISG besteht eine doppelte Voraussetzung :
1. die Vertragspartei muss ihrerseits selbst unter die Voraussetzungen des Art. 79 Abs.1 CISG fallen;
2. Die dritte engagierte Person muss ebenfalls unter diese Voraussetzung des Art. 79 Abs.1 CISG fallen.

411. *Welches Verfahren muss eine Vertragspartei einhalten, wenn sie sich auf die Haftungsbefreiung berufen will ?*

Die an der Erfüllung gehinderte Vertragspartei hat der anderen Vertragspartei den Hinderungsgrund und dessen Auswirkungen binnen einer angemessenen Frist mitzuteilen (Art. 79 Abs.4 Satz 1 CISG).

412. *Wenn sich eine Vertragspartei erfolgreich auf einen Haftungsaus schluss nach Art. 79 CISG berufen kann, ist damit die andere Vertrags partei an der Geltendmachung anderer Ansprüche, als der Geltendma chung von Schadenersatz gehindert, wie beispielweise der Geltendma chung von Erfüllungsansprüchen ?*

Nach Art. 79 Abs.5 CISG ist eine Partei nicht gehindert, andere Rechte - mit Ausnahme des Schadenersatzes - auszuüben.

Art. 80 Verursachung der Nichterfüllung durch die andere Partei

413. *Gibt es im UN-Kaufrecht Haftungsbefreiungsgründe, die den Verpflich teten gegen alle möglichen Rechtsbehelfe entlasten ?*

Ja.
Im Falle des Art.80 CISG wird ein Verpflichteter von allen Schadenersatzverpflichtungen und allen anderen Rechtsbehelfen gegen ihn befreit.

414. *Welcher allgemeine Rechtsgedanke liegt dem Art. 80 CISG zugrunde.*

Eine beschwerte Partei kann sich nicht auf diese Beschwernis berufen, wenn diese von ihr selbst herbeigeführt wurde.

415. *Unter welchen Voraussetzungen kann sich eine Vertragspartei auf die vollkommene Haftungsbefreiung nach Art. 80 CISG berufen ?*

Eine Vertragspartei kann sich auf die vollkommene Haftungsbefreiung wegen der Nichterfüllung ihrer Verpflichtungen berufen, wenn die andere Vertragspartei "diese Nichterfüllung durch ihre Handlung oder Unterlassung verursacht" hat (Art. 80 CISG).
Diese Rechtsfolge ergibt sich auch aus dem Grundsatz von Treu und Glauben (Art. 7 Abs.1 CISG).

416. *Wie ist das Verhältnis von Art. 80 CISG zu Art. 77 CISG ?*

Art. 80 CISG bezieht sich auf einen Vertragsbruch, den die beschwerte Partei selbst verursacht hat.
Art. 77 CISG betrifft Fälle, in denen der Gläubiger lediglich zur Schadensminderung aus einem Vertragsbruch verpflichtet ist, den Schuldner verursacht hat.
In dem Falle, in dem der Gläubiger die Nichterfüllung verursacht hat, sind nach Art. 80 CISG sämtliche Rechtsbehelfe ausgeschlossen, im Unterschied zu Art. 77 CISG, der lediglich den Schadenersatz erfasst.

417. *Wie unterscheiden sich Art. 80 und Art. 79 CISG ?*

Art. 80 CISG bezieht sich auf einen Vertragsbruch, den die beschwerte Partei selbst verursacht hat.
Art. 79 CISG befreit den Schuldner lediglich von seiner Schadenersatzverpflichtung.

418. *In Art. 80 CISG ist die Frage nicht geregelt, wie sich die Rechtlage darstellt, wenn nicht nur der Gläubiger, sondern beide Vertragspartei-en für die Nichterfüllung ursächlich verantwortlich sind: Wie ist die Rechtslage in diesem Fall ?*

Der Wortlaut des Art. 80 CISG: "soweit diese Nichterfüllung durch... " spricht für einen **teilweisen Ausschluss** der Möglichkeit, sich auf die Nichterfüllung durch die andere Partei zu berufen..

Abschnitt V. **Wirkungen der Aufhebung** Art. 81-84 CISG

419. *Welche Regelungen werden in den Art. 81 ff. CISG getroffen ?*

Die Art. 81 ff. CISG regeln die Rechtsfolgen und die Wirkungen des Aufhebungs-
rechts.
Die Voraussetzungen für Aufhebungsrechte der Vertragsparteien sind bei den jeweiligen **Rechtsbehelfen** der Vertragsparteien (Art. 49 und 64 CISG), die **Art und
Weise** der Geltendmachung in Art. 26 CISG und die **einvernehmliche** Vertragsaufhebung in Art. 29 Abs.1 CISG geregelt.

Art. 81 Erlöschen der Leistungspflichten; Rückgabe des Geleisteten

420. *Welche Rechtsfolgen treten ein, wenn ein Vertrag aufgehoben wird?*

Mit der Vertragsaufhebung wird ein Rückgewährschuldverhältnis geschaffen.
Die Verpflichtungen zur Zahlung des Kaufpreises und zur Lieferung der Ware ent-
fallen. Erbrachte Leistungen müssen Zug um Zug zurückgewährt werden Art. 81
CISG).

421. *Welche allgemeine Regelung wird von Art. 81 CISG im Hinblick auf die
Vertragsaufhebung festgelegt?*

Art. 81 CISG legt fest, dass jede nicht erfüllte Verpflichtung des Vertrages aufgehoben wird.

422. *Wird mit der Vertragsaufhebung der Kaufvertrag vernichtet?*

Nein, nicht der Kaufvertrag wird vernichtet, sondern lediglich die Leistungspflichten erlöschen, soweit sie noch nicht erfüllt worden sind.

423. *Wie ist denn die Rechtslage zu verstehen, dass die Aufhebung eines
Vertrages nicht dessen vollständige Annullierung herbeiführt?*

Der Vertrag gilt für ein Abwicklungsverhältnis als fortbestehend und wird entsprechend inhaltlich für die Anforderungen an die Abwicklung umgestaltet.

424. *Entfällt mit einer Vertragsaufhebung auch die Verpflichtung zur
Zahlung von Schadenersatz?*

Nein, eventuelle Schadenersatzforderungen bleiben bestehen (Art. 81 Abs.1 Satz 1
CISG).

425. *Welche Rechtsfolge tritt ein, wenn die Erklärung der Vertragsaufhebung rechtswidrig ist?*

Dann bleibt der Kaufvertrag rechtswirksam bestehen.

Art. 82 Verlust der Rechte auf Vertragsaufhebung oder Ersatzteilliefe- rung wegen Unmöglichkeit der Rückgabe im ursprünglichen Zustand

426. *Kann der Käufer auch dann Aufhebung des Vertrages verlangen, ob- gleich er nicht in der Lage ist, die Ware an den Verkäufer zurückzugeben ?*

Nein, das kann er nicht. In diesen Fällen verliert der Käufer grundsätzlich das Recht, Vertragsaufhebung zu verlangen (Art. 82 Abs.1 CISG).
Wenn jedoch die Verschlechterung der Ware nicht durch den Käufer herbeigeführt wurde oder, wenn sie infolge der Untersuchung der Ware eingetreten ist,
kann er weiterhin die Vertragsaufhebung verlangen (Art. 82 Abs.2 b CISG).

427. *Welcher Rechtsgedanke ist in Art. 82 Abs.1 CISG niedergelegt ?*

Aufhebungsrecht oder Ersatzlieferungsanspruch des Käufers sind **gesperrt,** wenn die Ware nicht im wesentlichen in dem Zustand zurückgegeben werden kann, in dem sie geliefert wurde.
Das Risiko der Verschlechterung liegt nach der Lieferung beim Käufer.

428. *Was gilt, wenn es sich nur um eine "unwesentliche" Änderung an den Waren handelt ?*

Unwesentliche **Bagatellschäden** sind unerheblich.

429. *Wie sind wesentliche und unwesentliche Beschädigungen an der Ware zu unterscheiden ?*

Diese Unterscheidung treffen die am Verkehr beteiligten Kreise, der Verwendungs- zweck der Ware und die besonderen Umstände des Einzelfalles.

430. *Wie wird der allgemeine Grundsatz des Art. 82 Abs.1 CISG von Art. 82 Abs.2 CISG abgemildert ?*

Drei Ausnahmeregelungen von Art. 82 Abs.1 CISG sind in Art. 82 Abs.2 CISG nie- dergelegt.
Der Verkäufer und nicht der Käufer trägt das Verlust- oder Beschädigungsrisiko:
1. wenn die Unmöglichkeit, die Ware zurückzugeben oder sie im we- sentlichen in dem Zustand zurückzugeben, in dem der Käufer sie erhalten hat, nicht auf einer Handlung oder Unterlassung des Käufers beruht;
2. wenn die Ware ganz oder teilweise infolge der in Art. 38 CISG vorgesehe-

nen Untersuchung untergegangen oder verschlechtert worden ist oder

3. wenn der Käufer die Ware ganz oder teilweise im normalen Geschäftsverkehr verkauft oder der normalen Verwendung entsprechend verbraucht oder ver-
ändert hat, bevor er die Vertragswidrigkeit entdeckt hat oder hätte entdecken müssen.

Art. 83 Fortbestand anderer Rechte des Käufers

431. *Welche allgemeine Regelung in den Rechtsbehelfen des CISG wird in
Art. 83 CISG niedergelegt?*

Art.83 CISG erklärt, dass die verschiedenen Rechtsbehelfe des CISG regelmäßig
unabhängig voneinander wahrgenommen werden können.

Art. 84 Ausgleich von Vorteilen im Falle der Rückabwicklung

432. *Welcher Rechtsgedanke ist in Art. 84 CISG niedergelegt?*

Art. 84 CISG bezweckt den Ausgleich aller Vorteile im Falle einer Vertragsaufhebung.

433. *Im Falle der Rückabwicklung des Vertrages müssen Kaufpreis und
Ware erstattet werden.
Dürfen die verpflichteten Parteien Nutzungen und Zinsen behalten?*

Nein. Wenn der Verkäufer den Kaufpreis erstatten muss, hat er ihn vom Tage der
Rückzahlungspflicht an zu verzinsen (Art. 84 Abs.1 CISG).
Hat der Käufer die Ware zurückzugeben, hat er den Gegenwert aller Vorteile und
Nutzungen an den Verkäufer auszukehren (Art. 84 Abs.2 CISG).

434. *Welches sind die Pflichten des Käufers, wenn er die Ware
zurückzugeben hat, er aber dazu nicht imstande ist?*

Der Käufer, der die Rückgabe der Ware nicht erfüllen kann, schuldet dem Verkäufer
den Gegenwert aller Vorteile, die er aus der Ware gezogen hat (Art. 84 Abs.2
CISG).

435. *Welches Verhältnis besteht zwischen Art. 84 CISG und Art. 78 CISG?*

Art. 84 CISG geht der Regelung in Art. 78 CISG vor und hebt diese auf, nach der
auf geschuldete Zahlungsverpflichtungen Zinsen gezahlt werden müssen.
Beide Vorschriften verfolgen jedoch unterschiedliche Zwecke:

Art. 84 Abs.1 CISG ist hat eine Wiederherstellung als ziel;
Art. 78 CISG will einen Ausgleich für die ausgebliebene Zahlung schaffen.
Die Unterscheidung wirkt sich auf die Berechnung der Zinsen aus.

Abschnitt VI. **Erhaltung der Ware** Art. 85–88 CISG

436. *Welche Funktion erfüllen die Art. 85 – 88 CISG ?*

Die Art. 85 – 88 CISG dienen der Erhaltung der Ware, bevor nicht die
Rechtslage geklärt ist.

437. *An welchen der Vertragspartner richten sich die Vorschriften ?*

Art. 85 CISG richtet sich an den Verkäufer:
Art. 86 CISG richtet sich an den Käufer.
Art. 87 und 88 CISG richten sich an beide Vertragspartner.

Art. 85 Pflicht des Verkäufers zur Erhaltung der Ware

438. *In den Art. 85 - 88 CISG sind allgemeine Sorgfaltspflichten der Partei-*
en hinsichtlich der Erhaltung der Waren geregelt.
Welche Sorgfaltspflichten treffen den Verkäufer ?

Ein Verkäufer muss die Ware, die der Käufer nicht abnimmt oder nicht bezahlt sorg-
fältig aufbewahren und hat nach den Umständen alle zur Erhaltung der Waren angemessenen Maßnahmen zu treffen (Art. 85 CISG).

439. *Welche allgemeine Regel liegt Art. 85 CISG zugrunde ?*

Art. 85 CISG will verhindern, dass der Verkäufer die in seinem Besitz befindliche
Ware verkommen lässt, weil das Risiko bereits auf den Käufer übergegangen ist.

440. *Welches sind die Rechtsfolgen, wenn der Verkäufer seiner Verpflich-*
tung zu Erhaltungsmaßnahmen für die Waren nicht nachkommt ?

Der Verkäufer verliert sein Recht auf Schadenersatz für die Verschlechterung der
Ware.
Der Käufer erhält Schadenersatz nach den Vorschriften der Art. 45, 61 und 74
CISG, wobei der Schadenersatzanspruch des Käufer jedoch nach Art. 77 CISG zu
reduzieren ist, da der Käufer wegen der Nichtabnahme der Ware gleichfalls für de-
ren Beschädigung verantwortlich ist.

441. *Wer hat die Kosten für die Erhaltungsmaßnahmen zu tragen, wenn der Käufer die Übernahme der Waren zu Recht verweigert hat ?*

In diesem Fall hat der Verkäufer die Erhaltungskosten zu tragen.

442. *Spielt es für die Erhaltungsverpflichtungen und die Rechtsfolgen des Art. 85 CISG eine Rolle, wer der Eigentümer der Ware ist ?*

Nein, das spielt keine Rolle.

443. *Welches sind die angemessenen Maßnahmen, die der Verkäufer zur Erhaltung der Waren ergreifen muss*

Diese Frage kann nur nach den Umständen des Einzelfalles entschieden werden.

Art. 86 Pflicht des Käufers zur Inbesitznahme und Erhaltung der Ware

444. *Welche Sorgfaltspflichten treffen den Käufer, der die Ware bereits im Besitz hat, diese jedoch zurückzuweisen beabsichtigt ?*

Auch der Käufer hat für die Waren, die er zwar empfangen hat jedoch zurückzuweisen beabsichtigt, zu ihrer Erhaltung die den Umständen angemessenen Maßnahmen zu treffen (Art.86 Abs.1 Satz 1 CISG).

445. *Nach welchen Kriterien ist zu entscheiden, ob es sich um einen Fall des Art. 86 Abs.1 oder Abs.2 CISG handelt ?*

Art. 86 Abs.1 CISG betrifft den Fall, dass der Käufer bereits im Besitz der Ware ist. Art. 86 Abs.2 CISG betrifft alle anderen Fälle.

446. *Ist der Käufer verpflichtet, die Ware in Besitz zu nehmen und weiter zu verkaufen, auch wenn dies beträchtliche Beschwernisse bereitet, die Schäden an der Ware jedoch beträchtlich zunehmen ?*

Diese Frage ist umstritten.
Nach Art. 86 Abs.2 Satz 1 CISG hat er Waren auch dann in Besitz zu nehmen, wenn er das Recht hat, die Waren zurückzuweisen, die Inbesitznahme jedoch ohne unzumutbare Unannehmlichkeiten oder unverhältnismäßige Kosten möglich ist.

Art. 87 Einlagerung bei Dritten

447. *Welche Konsequenzen hat es, wenn die Waren nicht in einem Lagerhaus* *eingelagert werden ?*

Es besteht keine Verpflichtung, Waren in einem Lagerhaus einzulagern. Vertrags-parteien die zur Erhaltung von Waren verpflichtet sind, haben diese nach eigenem Ermessen zu erledigen. Die Einlagerung in einem Warenhaus ist eine ihrer Optio-nen.

Art. 88 Selbsthilfeverkauf

448. *Kann eine Partei die Waren auch im Selbsthilfeverkauf frei verkaufen ?*

Ja, das ist gem. Art. 88 CISG möglich.
Voraussetzung für einen Selbsthilfeverkauf ist, dass die betreffende Partei zur Er-haltung der Waren nach den Art. 85, 86 CISG verpflichtet ist, und die andere Partei die Inbesitznahme oder die Rücknahme der Ware oder die Zahlung des Kaufpreises oder der Erhaltungskosten ungebührlich hinauszögert, vorausgesetzt, dass sie der anderen Partei ihre Verkaufsabsicht in vernünftiger Weise angezeigt hat.

449. *Wie unterscheiden sich die Regelungen für Waren, die einer raschen Verschlechterung ausgesetzt sind von den Regelungen für normale Waren ?*

Bei normalen Waren
- **"kann"** die betreffende Partei diese Waren verkaufen und
- **"hat"** ihre Verkaufsabsicht der anderen Partei in vernünftiger Weise anzuzeigen (Art. 88 Abs.1 CISG).

Bei Waren, die einer raschen Verschlechterung ausgesetzt sind oder deren Erhaltung unverhältnismäßige Kosten verursachen würde,
- **"hat"** die Partei sich in angemessener Weise um ihren Verkauf **zu bemühen** und
- **"hat soweit möglich"** der anderen Partei ihre Verkaufsabsicht anzuzeigen (Art. 88 Abs.2 CISG).

450. *Welche Voraussetzungen muss ein Wiederverkauf "auf jede geeignete Weise" im Sinne des Art. 88 Abs.1 CISG erfüllen ?*

Die wichtigste Voraussetzung ist die Erzielung eines vernünftigen Wiederverkaufs-preises, der von den Umständen des Falles abhängig ist.
Spezielle formale Einschränkungen hinsichtlich des Verkaufs, wie sie manche Rechtsordnungen beispielsweise hinsichtlich der Einschaltung öffentlich zugelasse-ner Versteigerer enthalten, oder die erforderliche Erzielung eines Marktpreises, sind nicht vorhanden.

451. *Wann wird die nach Art. 88 Abs.1 CIS erforderliche Anzeige wirksam?*

Die Anzeige wird mit deren Absendung wirksam (Art. 27 CISG).

452. *Welche rechtlichen Konsequenzen hat es, wenn diese erforderliche Anzeige nach Art. 81 Abs.1 CISG nicht erfolgt?*

Die Rechtswirksamkeit des Weiterverkaufs ist nicht betroffen, jedoch kann sich die Nichtanzeige auf den eingetretenen Schaden und die entsprechende Schadenersatzverpflichtung auswirken, der bei einer Anzeige hätte vermieden werden können.

453. *Welche rechtliche Konsequenzen hat das Nichttätigwerden bei schnell verderblicher Ware gem. Art. 88 Abs.2 CISG?*

Es kann kein Schadensersatz wegen des Verlustes der Verschlechterung der Waren gegen die andere Partei geltend gemacht werden.

454. *Nach welchen Kriterien ist zu entscheiden, ob die Kosten für die Erhaltung einer Ware, die einer raschen Verschlechterung ausgesetzt ist, "unverhältnismäßig hoch" sind?*

Die Kosten für Lagerung und Erhaltung sind mit dem Wert der Waren in Bezug zu setzen. Soweit die Kosten den Wert der Waren übersteigen, ist eine Erhaltung der Waren unvernünftig hoch.
Desgleichen ist eine Erhaltung der Waren unvernünftig, wenn die Kosten höher sind, als die Differenz zwischen den Anschaffungskosten und dem erzielbaren Wiederverkaufspreis.

455. *Wie unterscheiden sich die Regelungen in Art. 81 Abs.1 und Abs.2 CISG?*

Nach Art. 88 Abs.1 CISG ist eine Vertragspartei betroffen, die zur Erhaltung der Ware verpflichtet ist und diese "auf jede geeignete Weise" verkaufen **kann**.

Art. 88 Abs.2 CISG betrifft die **Obliegenheit** einer Vertragspartei zum Weiterverkauf, weil die Ware einer raschen Verschlechterung ausgesetzt ist oder ihre Erhaltung unverhältnismäßige Kosten verursachen würde.

Teil IV. Schlussbestimmungen Art. 89 – 101 CISG

456. *Welche Regelungen enthalten die Schlussbestimmungen des UN-Kaufrechts ?*

Die Schlussbestimmungen enthalten völkerrechtliche Regelungen hinsichtlich des Inkrafttretens und der Kündigungen durch Vertragsstaaten.
Zudem werden der zeitliche Anwendungsbereich des CISG und das Verhältnis zu anderen Übereinkommen festgelegt.

457. *Wer kann Vertragsstaat des UN-Kaufrechts werden ?*

Dass UN-Kaufrecht steht allen Staaten zum Beitritt offen   (Art.91 Abs.3 CISG).

458. *Gilt für einen beitretenden Staat zwingend das gesamte UN-Kaufrecht (CISG) ?*

Nein. Vertragsstaaten können beim Beitritt Vorbehalte erklären.
Die Geltung des Teils II mit den Regeln über den Vertragsschluss oder die des Teils III mit den Regeln über die Rechte und Pflichten der Parteien kann ausgeschlossen werden (Art. 92 CISG).

Sachverzeichnis

Abnahme 61
Abnahme der Ware 56
Abschluss des Vertrages 21
Absendetheorie 32
Allgemeine Geschäftsbedin- 23
Änderungen 26
Angebot 21
Angebot freibleibend 23
Annahme 25
Annahmefrist 27
Antizipierter Vertragsbruch 71
Anwendungsausschlüsse 7
Aufhebungserklärung 32
autonomen Auslegung 14
Bagatellschäden 88
battle of forms 26
Befreiungen 81
Bestimmung des Preises 57
Bösgläubigkeit des Verkäufers 45
contemplation rule 76
Dokumente 36
Einlagerung bei Dritten 91
Erfüllungsanspruch 33
Erhaltung der Ware 90
Erlöschen der Leistungspflichten 87
Erlöschen des Angebots 25
externen Lücken 10
Formerfordernis 18
Formfreiheit 18
Gebräuche 16
Gefahrübergang 66
Gepflogenheiten 15
Handelsbräuche 15
Hinderungsgrund 81
INCOTERMS 6
Interne Lücken 9
Kaufpreis nach Gewicht 58
Kaufpreiszahlung 57
Körperverletzung 10
Leistungsort 36
Lückenfüllung 14
Mängelrüge 44
Minderung 53
Nacherfüllung bei vorzeitiger Lieferung 42

Nachfrist 50, 63
Niederlassung 17
Opting in 6
opting out 12
Ort der Lieferung 36
Parteiautonomie 11
place of 17
Preisbestimmungsmöglichkeit 22
Privatverkäufen 7
Publikumsofferten 23
Rechtsbehelfe des Käufers 48
Rechtsbehelfe des Verkäufers 62
Rechtsmängel 46
Rückgabe des Geleisteten 87
Rücknahme der Annahme 27
Rügepflicht 47
Sachlicher Geltungsbereich 9
Schadenersatz 74
Schadensminderungspflicht 79
Schriftlichkeit 19
Schutzrechten Dritter 46
Selbsthilfeverkauf 92
Software 8
Spezifizierung durch den Verkäufer 65
subjektiven Fehlerbegriff 40
Sukzessivlieferungsvertrag 73
Teilweise Nichterfüllung 54
Tod 10
Übereignungsfragen 10
Übergang der Gefahr 66
UNCITRAL 2
Unmöglichkeit 88
unterlassene Anzeige 47
Untersuchung der Ware 43
Verschlechterungseinrede 70
Verspätete Annahme 27
Versteigerungen 7
Vertragsänderung 35
Vertragsangebot 21
Vertragsaufhebung 52, 64
Vertragsmäßigkeit der Ware 40
Vertragsstaat 4
Vorhersehbarkeit 31
Vorzeitige Lieferung 55
Warenkauf 30
Wesentliche Vertragsverletzung 30

Widerruf des Angebots 24
Wiener Kaufrecht 2
Wirkungen der Aufhebung 86
Zahlung des Kaufpreises 56
Zahlung ohne Aufforderung 60
Zahlungsort 58
Zahlungszeit 59

Zeit der Lieferung 38
Zeitpunkt des Vertragsschlusses 28
Zinsen 79
Zugang 28
Zuviellieferung 55
Zwangsvollstreckungsmaßnahmen 7

98

Bürgerliches Recht - Frage und Antwort -
730 Fragen und Antworten, 145 Seiten, 2. Ausgabe 2013
von Prof. Dr. Dieter Klett

Handels- und Gesellschaftsrecht - Frage und Antwort -
309 Fragen und Antworten, 73 Seiten, 2. Ausgabe 2013
von Prof. Dr. Dieter Klett – Prof. Dr. Volker Mayer

Internationales UN-Kaufrecht - Frage und Antwort -
457 Fragen und Antworten, 96 Seiten, 2. Ausgabe 2013
von Prof. Dr. Dieter Klett

Es ist das besondere pädagogische Anliegen dieser Reihe "leicht lernen", das lernen zu erleichtern und unter Verwendung moderner exklusiver Kommunikations- und Vertriebswege das auf jahrzehntelanger Erfahrung beruhendes Lehrmaterial besonders preisgünstig als **e-book** oder als **print-Ausgabe** anzubieten. Der Exklusivvertrieb liegt aus Kostengründen bei der Fa. amazon. Ein zusätzlicher Vertrieb über den klassischen Buchhandel würde die Werke um etwa 30 - 40 % verteuern.
Für das e-book bietet amazon derzeit unter *www.amazon.de/gp/kindle/kep* kostenlose Software als Lese-App zum downloaden an. Mit dieser Software kann das e-book nicht nur auf dem Kindle, sondern jederzeit und überall, zu Hause oder unterwegs auf dem PC, auf dem Kindle oder einem anderen Tablet-Computer, auf einem i-phone oder Android-smartphone gelesen werden.
Das Kindle Lese-App ist für alle führenden Computer, Tablets und smartphones erhältlich, unabhängig von Windows, mac oder linux: Der Zeitaufwand für den Besuch von Bibliotheken ist reduziert. Amazon sagt dazu: einmal kaufen, überall lesen. Und da Amazon dem Käufer von e-books kostenlos sämtliche folgenden Ausgaben dieses Buchs anbietet, kann man hinzufügen: einmal kaufen und sämtliche weitere Ausgaben kostenlos beziehen. So ist der Leser immer
auf dem neuesten Stand.